# 中华优秀传统文化与青少年教育研究

李欢 张杰 曾菊 邓薇 著

吉林大学出版社

·长春·

**图书在版编目（CIP）数据**

中华优秀传统文化与青少年教育研究 / 李欢等著. —
长春 ：吉林大学出版社，2020.9
ISBN 978-7-5692-7149-2

Ⅰ．①中… Ⅱ．①李… Ⅲ．①中华文化—关系—青少
年教育—研究—中国 Ⅳ．①K203 ②G775

中国版本图书馆CIP数据核字（2020）第183301号

书　　名：中华优秀传统文化与青少年教育研究
ZHONGHUA YOUXIU CHUANTONG WENHUA YU QING-SHAONIAN JIAOYU YANJIU

作　　者：李欢　张杰　曾菊　邓薇　著
策划编辑：邵宇彤
责任编辑：宋睿文
责任校对：柳　燕
装帧设计：优盛文化
出版发行：吉林大学出版社
社　　址：长春市人民大街4059号
邮政编码：130021
发行电话：0431-89580028/29/21
网　　址：http://www.jlup.com.cn
电子邮箱：jdcbs@jlu.edu.cn
印　　刷：定州启航印刷有限公司
成品尺寸：170mm×240mm　　16开
印　　张：11
字　　数：200千字
版　　次：2020年9月第1版
印　　次：2020年9月第1次
书　　号：ISBN 978-7-5692-7149-2
定　　价：45.00元

中华优秀传统文化是中华民族的根与魂，是涵养社会主义核心价值观的重要源泉。当今世界各种文化交流、交融、交锋之势前所未有，要想在各种文化激荡中站稳脚跟，就必须继承中华传统文化的精华，大力弘扬中华优秀传统文化，不断坚定文化自信，增强文化自觉。教育与文化相互依存，相互制约。加强中华优秀传统文化教育，对引导青少年更加全面准确地认识中华民族的历史传统、文化积淀、基本国情，认清中国特色社会主义的历史必然性，坚定中国特色社会主义的道路自信、制度自信、理论自信、文化自信，具有重大而深远的历史意义。

本书内容分为六章。第一章对中华优秀传统文化与青少年教育进行了概述；第二章对中华优秀传统文化教育的学理依据进行了梳理；第三章对青少年中华优秀传统文化教育的现实进行了考察；第四章对当前中华优秀传统文化教育的基本方式进行了总结；第五章提出了新时代青少年传统文化教育的转型要求；第六章指出了新时代青少年中华优秀传统文化教育的实施路径。

本书作者或为思想政治教育工作者，或为思想政治教育专业博士研究生。希望本书在某方面对青少年中华优秀传统文化教育工作有所启发，为促进青少年思想政治教育工作的开展贡献绵薄之力。

编者

2020 年 7 月

# C目录
## Contents

# 导论　文化建设的时代与人的发展

推进国家治理体系和治理能力现代化，要大力培育和弘扬社会主义核心价值体系和核心价值观，加快构建充分反映中国特色、民族特性、时代特征的价值体系。坚守我们的价值体系，坚守我们的核心价值观，必须发挥文化的作用。民族文化是一个民族区别于其他民族的独特标识。要加强对中华优秀传统文化的挖掘和阐发，努力实现中华传统美德的创造性转化、创新性发展，把跨越时空、超越国度、富有永恒魅力、具有当代价值的文化精神弘扬起来，把继承优秀传统文化又弘扬时代精神、立足本国又面向世界的当代中国文化创新成果传播出去。只要中华民族一代接着一代追求美好崇高的道德境界，我们的民族就永远充满希望。

——摘自：习近平总书记在省部级主要领导干部学习贯彻十八届三中全会精神全面深化改革专题研讨班开班式上的讲话

## 一、问题的提出：由文化自信到文化建设

中国古代，最早把"文"和"化"两个字关联考虑的是《周易》，其中有云："关乎天文，以察时变；关乎人文，以化成天下。"可以说，"以文化人"是"文"和"化"从其最初的使用开始就具有的内涵意蕴。但"文化"作为一个词，最早出现在西汉刘向的《说苑·指武》中，"圣人之治天下也，先文德而后武力。凡武之兴，为不服也；文化不改，然后加诛。夫下愚不移，纯德之所不能化，而后武力加焉"，此处的"文化"亦是以文德教化天下、以文化人之意。由此可见，中国传统文化有明显的道德教化取向，教育即德育，生活即德育。

文化是民族的血脉，是人民的精神家园。民族振兴必然伴随着文化的发展和繁荣，国家富强离不开强大的文化作为支撑，人的自由全面发展同样是以文化的方式形成与存在的，人的本质深刻地揭示出人本身就是文化的存在。文化

的发展发挥着复合性的社会功能，除了能满足人民群众的精神追求之外，还发挥着引领社会、教育人民、推动发展的强大功能。文化的个体功能在于促进群体的人和个体的人的发展，主要表现在增强人类社会的创造力、凝聚力和竞争力，以及促进人与自然的和谐共生两个方面。文化作为人的活动产物，具有认知功能、支撑功能、规范功能、评价和导引功能、教育教化功能。在中华民族五千多年文明序列中孕育的中华优秀传统文化，积淀着中华民族最深沉的精神追求，代表着中华民族独特的精神标识，是中国特色社会主义植根的文化土壤，是新时代中国特色社会主义发展的突出优势，对延续和发展中华文明、推动人类文明和谐进步发挥着独特的作用。改革开放 40 多年来，我国经济社会发展取得的一切成就，归根到底是开辟了中国特色社会主义道路，形成了中国特色社会主义理论体系，确立了中国特色社会主义制度。制度自信归根到底是文化的自信。改革开放伟大实践的奋斗史、创造史可以说是中国特色社会主义文化自信的形成史、发展史。新时代文化自信对社会发展和人的发展产生的影响更为明显，对进一步繁荣社会主义文化，增强国家文化软实力，建设社会主义文化强国，以致最终实现中华民族伟大复兴的中国梦的宏伟目标有强大的引领作用。

## （一）文化自信过程与人的发展的历史与现实

40 多年的改革开放给我国带来的积极变化是多方面的，总的来说，主要表现在两个方面：经济发展和人的发展，但归根到底改革成果促进的是人的发展。正如胡锦涛同志在 2011 年纪念中国共产党成立 90 周年大会上作出的历史性判断：我们取得的一切成就，归根到底是因为开辟了中国特色社会主义道路，形成了中国特色社会主义理论体系，确立了中国特色社会主义制度。中国特色社会主义制度的确立使我们的发展形成了基本的体系框架、规范的发展理路、明确的发展路径，最重要的是增强了中国特色社会主义道路自信、理论自信、制度自信、文化自信。道路自信、理论自信、制度自信，归根到底是中国文化的自信。道路、理论、制度每一个要素的发展都必须诉诸文化，而文化自信体现着人之为人、人之成为"时代人"的精神向度，文化自信的程度集中体现着改革开放以来人的发展水平和时代成就。

文化自信的过程就是促进人的发展的过程。人的发展具有丰富的内涵，主要包括人的社会性和个性的发展、人的社会实践和主观能动性的发展、人的各种需要与人的社会价值的发展，以及作为整体性的人的本质力量的发展，这些要素有机构成了人的全面发展。人的发展的上述要素相互联系、相互影响，而每一个要素的发展都必须诉诸文化。对"文化自信"的深刻内涵进行澄明，其目的是要凸显文化文自信最核心的特质——人文价值性，这意味着改革开放以来，文化自信的过程就是使人趋向于更加全面的发展，推动人的生命存在更加自由、更有尊严、更能实现自身价值的过程。文以载道，文以化人，文化之于个体具有强大的教化功能。改革开放40多年来，中国特色社会主义制度得以确立，同样使中国文化得以自信。在文化自信过程中作为文化的存在，人得到了更好的发展。人的发展体现为人的本质的复归和发展，马克思指出："人的本质不是单个人所固有的抽象物，在其现实性上，它是一切社会关系的总和。"[①]这一经典表述告诉我们，我们应在历史发展与社会实践中考察人、把握人。同时启示我们，人的本质是"现实的人"的本质，要结合具体的、历史的社会实践去研究人的本质。当代中国文化自信的发展过程就可以作为我们研究人的现实本质、人的发展需求和人的全面发展的文化背景。一方面，文化作为人的存在方式，当代文化自信的过程促使了人们的思想观念、价值理念、思想方式、行为方式和精神面貌的变化。另一方面，作为人的实践结果，人的不断发展也对推动文化传承与创新、文化自觉与自信、文化制度的确立、检测文化是否满足人民需要起了积极作用。

新中国成立以来，尤其是改革开放后，伴随着中国特色社会主义道路的开辟、中国特色社会主义理论体系的形成、中国特色社会主义制度的确立历程，文化自信的历史进程大体经过了5个阶段：搞清楚"什么是社会主义文化、怎样建设社会主义文化"时期；社会主义精神文明建设时期；社会主义先进文化探索时期；和谐文化探求时期；文化自信思想的形成时期。人的发展也相应地经历了5个发展阶段：人的"祛魅"、人的思想解放、人的主体性的复归、人的自由而全面发展的展开、人的自由而全面发展的丰富。

第一阶段（1956年—1978年）：逐步确立"什么是社会主义文化、怎样建设社会主义文化"的核心问题始发阶段。新中国成立后，党和国家第一代领导集体围绕"什么是社会主义文化、如何建设社会主义文化"这一基本问题进行探索，奠定了社会主义文化的基本内涵的基础。社会主义文化是上层建筑的一部分，它是社会主义经济和政治在文化上的反映，社会主义文化是以马克思主义为指导的、民族的科学的大众的文化。社会主义文化提倡爱国主义、集体主义、社会主义价值观念。所有这些为新中国文化建设奠定了基础，同时在社会主义文化初步建设过程中，文化起到了教育人民的"祛魅"化人的功能。改

---

① 　马克思，恩格斯．马克思恩格斯选集（第一卷）[M]．北京：人民出版社,2012:135.

革开放初期，邓小平继续围绕"什么是社会主义、怎样建设社会主义"的核心任务进行改革开放、推进各项改革的探索，进一步回答了"什么是社会主义文化、怎样建设社会主义文化"，提出"建设高度的社会主义精神文明"的命题。

第二阶段（1978年—1996年）：社会主义精神文明建设阶段。党的十一届三中全会以来，随着党的工作重心转向经济建设，作为上层建筑的文化建设自然引起了党和国家的高度重视。党的十一届三中全会（1978年）到十四届六中全会（1996年）这段实践，是党和国家对社会主义文化建设的探索时期，明确提出要建设社会主义精神文明的任务，并创立了完整的社会主义精神文明建设的理论。1979年9月，在庆祝中华人民共和国成立30周年大会上，叶剑英提出"建设高度的社会主义精神文明"的时代命题，其内容包括"提高全民族的教育科学文化水平和健康水平，树立崇高的革命理想和革命道德风尚，发展高尚的丰富多彩的文化生活"①。1980年，邓小平在中央工作会议上对社会主义精神文明深刻内涵进行了阐释："所谓精神文明，不但是指教育、科学、文化，而且是指共产主义的思想、理想、信念、道德、纪律，革命的立场和原则，人与人的同志式关系，等等。"②之后，党中央先后在十二届六中全会和十四届六中全会上分别通过了《中共中央关于社会主义精神文明建设指导方针的决议》和《中共中央关于加强社会主义精神文明建设若干重要问题的决议》，系统地对社会主义精神文明的战略地位、指导思想、内容、奋斗目标等做了系统的阐述，由此形成了完整的社会主义精神文明建设理论。中国的改革开放始于对人的思想的解放，首先破除了禁锢于人头脑中的思想包袱和个人崇拜，这对人的独立意识和人的主体性的确立起到了积极的前提性作用，同时又为寻找社会发展的正确道路扫除了思想障碍。

第三阶段（1997年—2002年）：社会主义先进文化探索阶段。从十四届六中全会到十六大，这是社会主义文化建设全面付诸实践的时期，是文化建设的发展时期。在已形成的有关社会主义精神文明建设的理论和相关实践成果的基础上，以江泽民同志为核心的党的第三代领导集体探索社会主义先进文化的内涵和建设。江泽民同志在庆祝中国共产党成立70周年大会上，明确提出中国特色社会主义建设的文化纲领，即"三个必须"和"三个不能"。1997年中共十五大围绕建设富强民主文明的社会主义现代化国家，进一步明确了什么是

---

① 中共中央文献研究室编.三中全会以来重要文献选编（上）[M].北京：人民出版社，1982:233-234.

② 邓小平.邓小平文选（第二卷）[M].北京：人民出版社，1994：367.

初级阶段的"有中国特色社会主义"的文化纲领，指出："建设有中国特色社会主义的文化，就是以马克思主义为指导，以培育有理想、有道德、有文化、有纪律的公民为目标，发展面向现代化、面向世界、面向未来的，民族的科学的大众的社会主义文化。"①"三个面向"成为社会主义文化的基本内涵。此后，江泽民提出"三个代表"重要思想，强调党代表先进文化的前进方向，中共十六大提出"发展先进文化"这一精神文明建设的重要命题和内容，强调用"三个代表"重要思想统领社会主义文化建设。党的十六大召开之后，我国的文化建设和文化体制改革全面铺开，取得了一系列理论和实践成果。人的发展过程就是人不断地创造文化从而也创造自身的过程，以文的方式化育着自身。这一阶段，我国社会主义市场经济体制建立并完善，经济的发展促进了社会发展的现代化，社会发展的现代化要求作为上层建筑的文化要更好地为现代化服务，社会主义先进文化理论与实践不断推进。这一阶段文化建设和文化体制改革全面铺开，在这一历史性的转变中，人的发展主体性意识不断增强，对文化的诉求首先体现在"人的本质——人之为人——对文化的需求"，文化是"人之为人"的根据，是一切社会关系的总和。在市场经济时代，要想充分发展人的本质，必须通过学习和教育承接文化，通过交流与内化形成文化、传播文化，文化是人获得个性本质的途径。其次，体现在人的实践活动对文化的诉求，人的本质属性在于实践，在其现实性上，人的本质是一切社会关系的总和，决定了人的实践活动社会交往性质，因此人的实践具有目的性、对象性、社会历史性，而这些均离不开文化的重要作用。

第四阶段（2002年—2012年）：和谐文化探求阶段。建设社会主义先进文化提出并付诸实践之后，2004年12月17日李长春在全国宣传部长会议上，对如何提高构建社会主义先进文化的能力作出具体部署，在实际上形成了社会主义核心价值体系的基本内容。2006年在党的十六届六中全会上通过了《中共中央关于构建社会主义和谐社会若干重大问题的决定》，建设和谐文化作为构建社会主义和谐社会的重大任务之一提了出来，将文化和谐与经济和谐、政治和谐作为社会和谐的综合体现和必要条件提了出来，这是我们党在新的历史条件下的文化自觉。与此同时，大会还对和谐文化的作用、指导思想、原则、内容等做了详细论述。社会主义核心价值体系是建设和谐文化的根本，和谐文化反映了社会主义社会的本质属性。2006年12月，李长春在全国宣传部长会议上，对社会主义核心价值体系做了比较系统的论述，以社会主义核心价值体系

---

① 　江泽民. 江泽民文选（第二卷）[M]. 北京：人民出版社，2006：17-18.

为根本推进和谐文化建设，是我国意识形态工作的一项崭新课题，也是中国共产党关于文化理论的重大创新和发展。"以人为本"是和谐文化的价值取向，其根本就是始终实现好、维护好、发展好最广大人民的根本利益，尊重人民主体地位，发挥人民首创精神，保障好人民的基本文化权益，明显提高全民族的文明素质，促进人的全面发展。人的行为总是要受到他已经接受的、内化了的观念意识的影响和支配，观念和文化的东西虽然不能改变世界，但可以改变人，进而通过人改造世界。形成与和谐社会相适应的观念理想、思想道德、价值观和文化精神，可以为和谐社会建设提供精神向导和理论支撑，促进人的全面发展。

第五阶段（2012至今）：文化自信思想的形成阶段。文化自信的思想内容在上文已经提及，习近平总书记关于文化自信的本质、地位、作用功能、文化自信的依据等方面勾勒出习近平文化自信思想的"自信逻辑"思路，此处不再赘述。十八大以来，以习近平同志为核心的中央领导集体，以推进文化自信为关键点，高屋建瓴地统揽文化建设全局问题，从中华民族复兴的战略高度定位文化自信问题，阐述了文化自信对于中华文化复兴的意义；从中国特色社会主义全局把握文化建设之地位，揭示了文化作为国家软实力的重大价值；从"四个自信"的整体关系中强调文化自信是更基础、更广泛、更深厚的自信，深刻论证了文化自信对于中国道路自信的内在支撑性。十九大的文化自信发展战略则实现了对十八大以来文化自信思想的接力、深化和发展。十九届四中全会以坚持和完善中国特色社会主义制度、推进国家治理体系和治理能力现代化，在文化领域提出要坚持和完善繁荣发展社会主义先进文化制度，指出"必须坚定文化自信，牢牢把握社会主义先进文化前进方向，激发全民族文化创造活力，更好构筑中国精神、中国价值、中国力量"。文化自信更加注重制度建设，发挥制度优势，用社会主义先进文化制度推进国家治理体系和治理能力现代化。

文化自信对于人和人类社会的发展与进步至关重要，它是一个国家、一个民族、一个政党的"根"与"魂"，是推动国家兴盛、民族进步、政党发展的更基本、更深沉、更持久的力量。在新时代，文化自信为人民提供精神指引和文化遵循，是新时代意识形态安全的基础，是增强"四个自信"的基础，是提升综合国力的底蕴支撑。我们要不断提升对中国特色社会主义文化自信的认识和把握，增强中华民族的文化自觉和文化自信，不断提升中华文化影响力。

党的十八大以来，习近平总书记放眼中国特色社会主义伟大事业全局，从中华民族伟大复兴的战略高度，更加重视文化发展和文化建设问题。2014年2月，在中央政治局第十三次集体学习中，习近平同志明确提出了"增强文化自信和价值观自信"①，随后又在多个重要场合和关键时间节点强调文化自信，并发表一系列重要讲话，指出："我们要坚定中国特色社会主义道路自信、理论自信、制度自信，说到底是要坚持文化自信。"②在庆祝中国共产党成立95周年大会讲话中，习近平同志将"三个自信"上升为"四个自信"，并对文化自信进行了阐释："文化自信，是更基础、更广泛、更深厚的自信。"由此将文化自信提升到中国道路自信的高度，文化自信的意蕴也更加鲜明和深刻。在党的十九大报告中，习近平总书记指出："文化自信是一个国家、一个民族发展中更基本、更深沉、更持久的力量。"站在新时代这个历史方位上，提出"坚定文化自信，推动社会主义文化繁荣兴盛"的文化建设的时代任务，系统阐释文化自信的时代命题，由此形成了新时代中国特色社会主义文化观，文化自信思想成为党和国家治国理政的新理念、新思想、新战略，并在文化繁荣和文化建设的伟大实践中持续推动中国特色社会主义各项事业向前发展。

对"文化自信"的深刻内涵进行确证和梳理，有助于增强它在新时代文化建设各领域的解释力和话语权。关于文化自信的内容，习近平指出："在五千多年文明发展中孕育的中华优秀传统文化，在党和人民伟大斗争中孕育的革命文化和社会主义先进文化，积淀着中华民族最深层的精神追求，代表着中华民族独特的精神标识。"③由此可见，文化自信中的"文化"，包含中华优秀传统文化、革命文化、社会主义先进文化三个方面。而作为中国文化底色、中华民族突出优势的中华优秀传统文化，尤其是作为其核心的思想文化，是我们具有文化自信的定海神针，同时也作为一种软实力促进新时代人的全面发展，正如习近平同志所言："中华优秀传统文化已经成为中华民族的基因，植根在中国人内心，潜移默化影响着中国人的思想方式和行为方式……，我们生而为中国人，最根本的是我们有中国人的独特精神世界，有百姓日用而不觉的价值观。"④中华优秀传统思想文化不断启示我们"知道自己是谁，是从哪里来的，要到哪里去"⑤。我们的文化自信，是在中华民族数千年历史长河的厚重积淀中形成的。

---

① 习近平. 习近平谈治国理政 [M]. 北京：外文出版社，2014:164.

② 中共中央文献研究室. 习近平关于社会主义文化建设论述摘编 [M]. 北京：中央文献出版社，2017:12.

③ 中共中央文献研究室. 习近平关于社会主义文化建设论述摘编 [M]. 北京：中央文献出版社，2017:15.

④ 习近平. 习近平谈治国理政 [M]. 北京：外文出版社，2014:171.

⑤ 同上.

新中国成立特别是改革开放以来，从"社会主义精神文明"，到"有中国特色社会主义文化"，到"中国特色社会主义文化""先进文化"，到"社会主义核心价值体系""和谐文化"，再到习近平同志的中国特色社会主义文化自信思想，话语的深刻变化反映了党对社会主义总体布局的认识在不断深化，对社会主义文化内涵和精神实质的认识不断深化，对社会主义文化建设及其发展规律的认识也在不断深化，这为探索如何建设社会主义文化等问题奠定了理论基础。这些理性思考与分析旨在探讨文化自信理论蕴含的科学化要求，着力研究如何将文化自信的总体任务通过实践转换为提升文化自信的总体水平和能力。显然，这一能力和水平的提升将是一个长期的过程，十九大的文化自信发展战略则实现了对十八大以来文化自信思想的接力、深化和发展。十九届四中全会明确指出要坚持和完善社会主义先进文化制度，进一步将制度建设作为新时代增强文化自信实践能力、推动社会主义文化繁荣兴盛、推进国家治理体系和治理能力现代化的国之重器，凸显了文化在新时代中国特色社会主义事业全局中的重要地位，标志着我们党对作为意识形态的文化及其文化发展和演进规律的认识达到了一个新的高度，文化自信要靠制度来昭示和保障。

中国特色社会主义文化自信，不仅是一场社会主义文化体制的革命，更是一场塑造"时代新人"的革命。文化自信思想的形成体现了社会主义文化发展本身演进发展的历史规律，科学阐释了新时代中国正在发生的"最为广泛而深刻的社会变革"，同时也是肯定人们的多元需要满足、自身全面发展、价值观形塑和时代本质塑造的文化遵循，它是新时代适合人的自由全面发展要求的宏观文化场域和背景。在新时代文化自信背景下，一切社会实践活动都坚持以人民为中心，人的需要、人的劳动、人的能力、人的社会关系、人的个性、人的具体本质得到自由全面的发展，人成为自己一切社会交往活动的主人，可以自觉、自由、自信地选择和创造交往方式，发挥个人才智，创造性地发展个人能力和个性，塑造具体的个体本质。同时，文化自信思想在时代发展中得到定型、丰富和发展，在定型与发展中不断扩大人们的文化背景，提供更加坚实、更加科学、更加自信的文化遵循，有利于生成人的普遍的、复杂的交往关系，进一步发展人的需要的更加全面的体系，促进人的具体本质的形成，实现人的自由全面发展。文化自信使人们的价值观念、交往方式、交往质量、思维模式都发生了复杂变化，为人们提供了精神指引。

（二）注重文化建设的时代

中国特色社会主义制度的确立是对我国社会主义探索、建设和改革道路探索的经验总结、概括提升。中国特色社会主义制度通过建立在其上的经济、政治、文化、社会体制等具体制度体现出来并在社会建设中发挥实际作用。党的十九届四中全会明确指出要坚持和完善社会主义先进文化制度，增强推进文化自信的实践能力，是我们在中国特色社会主义新时代面临的重要任务和文化使命。中国特色社会主义文化建设和发展由边实践边探索到形成中国特色社会主义文化制度体系框架，坚持和完善社会主义先进文化制度的提法使我国的文化发展明确了发展方向和路径，表明我国更加自觉、更加坚定、更加自信地建设先进文化事业。

改革开放40多年来，文化发展和文化建设的中心任务是为经济社会和人的发展服务，基本手段是文化体制改革。通过改革释放了文化发展和文化繁荣的活力，文化体制改革不仅促进了经济社会的发展，更重要的是推动了人的发现和发展。文化发展、文化自信的过程就是人的"祛魅"、人的思想解放、人的主体性的复归、人的自由而全面发展的展开、人的自由而全面发展的丰富的过程。新时代我们在继续高扬文化自信旗帜、推动文化自信理论创新的同时，工作重点应该指向文化自信的实践、促进社会和谐和人的发展，基本手段就是文化制度建设。坚持和完善中国特色社会主义先进文化制度正是实现社会进步和人的自由全面发展的制度保障。十九届四中全会通过的《中共中央关于坚持和完善中国特色社会主义制度、推进国家治理体系和治理能力现代化若干重大问题的决定》，紧扣"坚持和完善中国特色社会主义制度、推进国家治理体系和治理能力现代化"这个主题，第一次在党的全会上系统探讨坚持和完善中国特色社会主义制度问题。《中共中央关于坚持和完善中国特色社会主义制度、推进国家治理体系和治理能力现代化若干重大问题的决定》指出，我国国家制度和国家治理体系具有多方面的显著优势，在文化方面具有"坚持共同的理想信念、价值理念、道德观念，弘扬中华优秀传统文化、革命文化、社会主义先进文化，促进全体人民在思想上精神上紧紧团结在一起的显著优势"。同时指出坚持和完善中国特色社会主义制度、推进国家治理体系和治理能力现代化在文化方面要"坚持和完善繁荣发展社会主义先进文化的制度""必须坚定文化自信，牢牢把握社会主义先进文化前进方向，激发全民族文化创造活力，更好构筑中国精神、中国价值、中国力量"。这就是说，社会的发展和时代的进步核心是人的发展，人是文化的存在，这要求我们要致力于文化制度建设，重视文化制度建设与人的发展的关系，我们应该大踏步进入到文化制度建设时代，其原因主要有以下两个方面。

其一，时代任务的转型。中国特色社会主义文化自信思想形成的过程，或者说中国特色社会主义文化自信的过程，是中国特色社会主义文化伴随中国特色社会主义制度的确立的过程而发展和形成的，是随着文化体制的改革、文化自信理论的形成和文化制度的实践发展而发展的，这个任务已经初步完成。随着中国特色社会主义进入新时代，我国社会主要矛盾转变为人民日益增长的美好生活需要和不平衡不充分的发展之间的矛盾，以及国家治理体系、治理能力现代化的需要，党和政府的工作重点已经发生变化，由改革探索变为定型发展，在文化发展方面，由探索改革旧文化、旧思想、旧制度以建立新文化、新思想、新制度转变为建设中国特色社会主义文化，更加注重文化建设特别是文化制度建设，坚定中国特色社会主义文化自信。可以说，到了建设中国特色社会主义文化阶段，任务更重，困难重重，需要在坚持既往实践形成的文化体制、文化制度和文化实践基础上，凝聚更大的共识，推动文化制度和体制的完善与创新。要不断用先进的、具体的制度形式代替落后的、不适应时代发展的旧制度，用科学设计的文化制度变迁路径替代主观性极强的文化制度变迁路径，用国家治理体系和治理能力的现代化来引领人的发展环境现代化，为社会发展进步提供先进、规范、健康、和谐的文化遵循。

其二，人的自由全面发展的需要。社会发展的历史是文化创生、发展、繁荣和建设的历史，同时，社会的发展是在人的社会复杂交往关系中进行的，人的交往需要在一定的规则、制度中完成。人作为文化的存在，人在文化的建设特别是文化制度发展中不断得到发展，而只有先进的、规范的、健康的、和谐的文化环境才能促进人的自由全面发展。马克思指出，人的自由全面发展只有在消除私有制的"自由人联合体"的共产主义社会才能实现，他在《共产党宣言》中设想："代替那存在着阶级和阶级对立的资产阶级旧社会的，将是这样一个联合体，在那里，每个人的自由发展是一切人的自由发展的条件。"[①] 社会主义道路是通向共产主义的必由之路，只有坚定"四个自信"，特别是文化自信，"文化自信，是更基础、更广泛、更深厚的自信"，大力推进中国特色社会主义文化建设，以先进、规范、健康、和谐的文化推动社会历史进步，才能为人的自由全面发展创造良好的社会条件，人的自由全面发展的目标将会在文化建设和文化繁荣发展中实现。因此，当前只有在坚定文化自信的基础上，大力推进文化建设，坚持和完善社会主义先进文化制度，创新发展和构建具体的文化体制机制，规范引导人的价值观念、行为模式和交往模式。为人的自由全面发展提供一个先进、规范、健康、和谐的文化遵循和文化环境。

---

① 马克思，恩格斯 . 马克思恩格斯文集（第二卷）[M]. 北京：人民出版社 ,2009:53.

## 二、传统文化教育——我国文化建设的重要语境

### （一）传统文化教育的重要性

以讲求伦理道德为主要内容的儒家文化为核心的中国传统文化，对于维护社会秩序、调整人际关系、推动历史发展具有重要价值。中国传统文化对于德行的重视、品德的塑造、德行的强调，不仅在古代的道德教育和社会秩序维护中产生了良好的效果，内化为百姓普遍遵循的日常生活规范，起到"人伦日用"的效果，而且也为我国当代青少年教育事业的有序推进建构了良好的文化语境。毛泽东曾经指出："今天的中国是历史的中国的一个发展。我们是马克思主义的历史主义者，我们不应当割断历史。从孔夫子到孙中山，我们应当给以总结，承继这一份珍贵的遗产。"这个任务，时至今日我们尚未完成。对于青少年成长成才来讲，进行中华优秀传统文化教育尤为必要。可以说，加强青少年优秀传统文化教育是培育和践行社会主义核心价值观、落实立德树人教育根本任务的重要基础。当前，世界多极化、经济全球化、社会信息化和文化多样化不断推进，我国社会主要矛盾发生历史性转变，全面深化改革和社会转型正处于深刻变革时期，信息技术迅猛发展，意识形态斗争更加严峻，世界范围内各种思想文化交流、交融、交锋更加频繁，社会思潮影响下的思想观念日益复杂、活跃。青少年群体表现出思想观念主体性、价值追求多元性、个性发展鲜明性、身心发展可塑性等特点，社会不良思想倾向和道德行为给青少年群体做了极坏的示范，对青少年群体身心健康产生了极大的负面影响。加强青少年优秀传统文化教育，对于科学引导青少年群体增强民族文化自觉自信和价值观自信，自觉践行社会主义核心价值观是极端重要和必要的。

第一，中华优秀传统文化是中华民族的文化基因，应对全球化时代多元文化的冲击，凝聚中华民族的文化共识，离不开优秀传统文化的在场。当今世界，全球化成为引领世界的潮流，开放性、多元化、多样性和交流互鉴是全球化时代的基本特征，全球化具有的这些特点给我国青少年教育带来了极大的影响，导致我国青少年教育面临严峻的形势。一方面，全球化为多元文化的涌入敞开了大门、降低了门槛，为新时代青少年教育的文化选择提供了新的视野、新的视界、新的范式和新的内容，进一步丰富和发展了我国青少年教育的内容和形式，加强了国际间的交流互鉴。另一方面，多元文化的涌入也极易使思想文化和意识形态领域失去主流和主导地位，造成一种良莠不齐、鱼龙混杂、庞杂无序的失控状态，进而造成青少年思想混乱、迷茫和行为失范、失向、失度。对于我国来讲，全球化背景下中西文化的交流互鉴，有助于我们从其他文化形态

中借鉴先进的科学文化、逻辑批判思维和处理问题的客观态度，增强"善治"的能力；但同时也要看到，西方国家在进行思想文化输入的同时，借助意识形态话语权和控制力的优势，以及在现代互联网技术的支持下，潜移默化地对我国进行意识形态渗透，尤其是对我国青年一代进行价值观影响和意识形态渗透，其消极影响极为严重。我们都知道，价值观的形成和塑造同它的义化背景和历史积累密切相关，青少年对社会价值观的认同和复现必须建立在对本民族和国家的历史进程和文化背景的认同的基础上。每个民族都有自己独特的文化基因，"我们的国家，我们的民族，之所以是自古迄今唯一没有灭亡、历史没有中断的国家和民族，至少是同自己的优秀的人文精神密切相关"[①]。中华传统文化是中华民族的文化基因，是我们最深厚的文化软实力，是文化自信的坚实基础。加强中华优秀传统文化教育，对于引导青少年学生更加全面准确地认识中华民族的历史传统、文化积淀、基本国情，认清中国特色社会主义的历史必然性，坚定走中国特色社会主义道路、实现中华民族伟大复兴中国梦的理想信念，具有重大而深远的历史意义。因此，新时代面对全球化背景下思想和文化多元化的现实，青少年教育必须以中华优秀传统文化为教育遵循，青少年教育必须增强传统文化教育的自觉性、针对性、有效性和主体性，引导青少年做有自信、有自尊、能自强的中国人。青少年教育在其内容和体系的建构上，必须具有丰富而又充满民族特色的文化内涵、文化品位和精神气质，必须与新时代文化建设总体目标保持一致，唯有如此，才能占据青少年意识形态的领导高地，应对文化全球化、思想多元化的冲击。

第二，中华优秀传统文化具有天然的德育功能，培养青少年健康的价值观和良好品德必须弘扬中华优秀传统文化。以儒家文化为主流的中国传统文化，重视人的德行养成、品德的塑造及德行的践履，中国传统文化自古就有德育的传统。青少年时期是自我意识、价值观和思想道德逐渐形成的关键期，是身心发展的重要阶段，可塑性极强。这一阶段形成的价值观和道德观念对以后的人生会产生深远且持久的影响，因此必须给予充分且科学的正面引导，尊重个体的个性，发挥引导功能，注重个体的主体性发挥。正是因为青少年处在道德观念形成、道德行为养成和价值理念塑造的关键期，因此在这个特殊时期施以传统文化德育具有重要的意义。以儒家文化为主流的中国传统文化历来就有重视德育的传统，在历史进程中，中国传统文化形成了完善的德育体系，从治国到治世、治人的"修身、齐家、治国、平天下"，从孝的文化到伦理道德，从仁

---

① 杨叔子．下学上达文质相宜 [J]，山东工业大学学报，1998,2:6.

政到讲求"天人合一"的和谐思想，从感恩到人格的建构，从立身处世到安邦济民，形成了一个营养丰富、意蕴丰厚的思想文化资源库。青少年长期在这种优秀传统文化中熏陶、内化，充分汲取传统文化思想精华和道德精髓，自然会形成高尚的道德情操和健康向上的思想观念，正如习近平总书记所说："这就像穿衣服扣扣子一样，如果第一粒扣子扣错了，剩余的扣子都会扣错。人生的扣子从一开始就要扣好。'凿井者，起于三寸之坎，以就万仞之深。'青年要从现在做起、从自己做起，使社会主义核心价值观成为自己的基本遵循，并身体力行大力将其推广到全社会去。"可见，青少年时期价值观养成、良好品德形成的重要性。

第三，中华优秀传统文化蕴含丰富的为人处世的人生智慧和哲理，提高青少年道德素质、道德修养和综合素养，必须弘扬中华优秀传统文化。在构成人的综合素质中，道德品质是核心素质。青少年作为中国特色社会主义事业的建设者和接班人，其品质如何，直接决定了中国特色社会主义事业的成败，影响中华民族伟大复兴的中国梦的实现，关乎国家命运和民族的兴衰。全球化时代特别是网络信息全球化的到来，西方意识形态渗透无处不在，这种影响同样在青少年群体中产生了极大的负向影响，使一部分青少年的精神境界、精神追求和思想道德发生了变化，理想信念缺失、诚信缺失、拜金主义、自由主义、作风虚浮、急功近利，世界观、人生观、价值观扭曲等问题客观存在，青少年教育面临着极大的困难和挑战。道德教化、人格修养是以儒家为主流的中国传统文化的核心内容，其主要任务是"人伦日用"，教导民众如何做人、怎样行事，以培养品德高尚的人。对于为人处世的引导和规谏，正是中国传统文化伦理道德的根本体现。经过几千年历史长河的汰选，中国传统文化留给我们一份丰富的、珍贵的精神遗产，其中蕴含着丰富的人生智慧和道德规范养分。如其中蕴含着民族精神，能够增强民族认同感、自豪感和责任感；蕴含着爱国主义的国家情怀，能够培育以爱国、正义、奉公的爱国情怀；蕴含着为人处世的智慧，能够引导建立谦逊、礼貌、友善、仁爱、达人的人际关系道德规范；蕴含着自我修养的规谏思想，能够培育自强、正心、笃志、崇德、弘毅为特征的理想人格等。通过传统文化教育，容易使青少年从中国传统文化经典中受到启迪和鼓舞，生发增强道德修养的内生动力，从而健全人格，完善品格，树立健康的世界观、人生观和价值观，养成健康向上的行为规范。

当前，我国全面深化改革稳步推进，正处于社会转型的关键时期，面对全球化时代的冲击，我国亟需建构社会多元价值体系，增强文化自信，坚持社会主义核心价值观，稳步推进中国特色社会主义文化建设。而以社会主义、爱国主义和集体主义为载体的中华优秀传统文化则为青少年教育工作的创新提供了新的平台和途径，具有重要的资源意义和伦理价值，我们应该充分挖掘其中蕴含的丰富德育资源，并以此为依托，大力弘扬民族精神，培育家国情怀，弘扬爱国主义，塑造具有民族精神、家国情怀、崇德弘毅的现代人格，并通过创造性转化、创新性发展，推进传统文化制度化建设，使传统文化为青少年教育工作服务，进一步推动新时代青少年教育工作健康有序发展。

### （二）传统文化教育制度化——我国文化建设的努力方向

如上所述，中国传统文化之于青少年教育具有重要的资源意义和伦理价值，是新时代青少年教育中不可忽视的重要因素。然而，基于历史和现实的种种际遇，在某个时期，中国传统文化在青少年教育中的价值非但没有得到应有的认可和重视，反而受到否定和漠视，其结果是民族文化在青少年视界中逐渐消解，以及几千年来所形成的中华民族凝聚力和软实力的日趋淡漠甚至消散。民国时期，蔡元培作为中华民国的第一任教育部长，上任伊始就在全国范围内废止读经，系统引进西方教育体制，兴建新式学校，中国的教育开始西方化，我国的传统文化教育也因此在很大程度上受到忽视。新中国成立以后，我国的教育在对待传统文化的态度上并没有发生根本性的转变，教育重智育轻德育、重"育分"轻育人成为普遍现象，可以说，民国以来，百年教育是"瘸腿教育"，缺失理想与道德教育。值得庆幸的是，自 20 世纪 90 年代以来，随着时代背景的转换、国内外形势的变化和市场经济的确立，党和国家开始认识到文化建设的重要性，开始意识到传统文化在党和国家事业发展中"根"与"魂"的极其重要地位，同时也认识到传统文化在青少年教育中的独特价值，教育界也逐渐将传统文化纳入到青少年教育的视野之中，开始深入研究和挖掘传统文化的思想价值和道德成分，并加以创造性转化和创新性发展，着力实现传统文化视阈下的青少年教育工作的发展与创新，体现出构建中国特色青少年传统文化教育体系的创造性意识和深远的战略布局。

中华优秀传统文化是中华民族的印记和精神特质，是中华民族屹立于世界民族之林的独特标识，教育应当注重中华优秀传统文化的继承与发展。毛泽东曾说过："从孔夫子到孙中山，我们应当给以总结，承继这一份珍贵的遗产。"①《中华人民共和国教育法》明确规定："教育应当继承和弘扬中华民族优秀的历史文化传统，吸收人类文明发展的一切优秀成果。"十八大以来，以习近平

---

① 毛泽东.毛泽东选集（第二卷）[M].北京：人民出版社，1991:514.

同志为核心的中央领导集体站在中国特色社会主义事业全局，从中华民族伟大复兴的新战略高度，更加重视文化建设问题，高度重视弘扬完善中华优秀传统文化教育，推进传统文化教育制度化建设，加大力度、创新方式推进传统文化建设。2014 年 3 月，为贯彻落实十八届三中全会关于完善中华优秀传统文化教育精神，落实立德树人的根本任务，进一步加强新形势下中华优秀传统文化教育，教育部印发《完善中华优秀传统文化教育指导纲要》（以下简称《纲要》）。《纲要》的印发表明，促进中国教育回归自己的文化传统。虽然仅仅只是一个指导性的纲要，并不具体和系统，而且有很多内容也并未体系化地构建起来，但它具有的指导性说明了我国向西方学习的 100 年的教育走到了一个转折点，我们的教育要回归中国传统，传承中华优秀文化，要具有文化自觉，坚定文化自信。可以说，《纲要》的价值是显而易见的，它将传统文化的德育传统回归。在未来的很多年内，中华优秀传统文化教育都会在中国的教育制度中占有相当的比重。十九届四中全会从推进国家治理体系和治理能力现代化的高度提出要坚持和完善繁荣发展社会主义先进文化制度，"必须坚定文化自信，牢牢把握社会主义先进文化前进方向，激发全民族文化创造活力，更好构筑中国精神、中国价值、中国力量"。这就要求我们在传统文化教育中应更加注重相关教育制度的嵌入或者引领，发挥教育制度在传统文化教育中的作用，推动文化建设。

在新时代的青少年优秀传统文化教育工作中，以中国特色社会主义文化自信思想形成和文化建设的发展为脉络，以中国当代传统文化教育的发展历程为视角，以我国教育改革为背景，回顾党和国家对于中华优秀传统文化的历史认知过程，勾勒出中华优秀传统文化视野下我国青少年传统文化教育创新的历史发展轨迹，据此为我国青少年教育在新时代文化建设背景下发展路径的探索提供有益的启示，不仅是我国青少年教育领域所面临的一项紧迫的现实任务，而且也是新时代推进教育制度建设必须去认真思考的一个紧迫课题。

### 三、新时代中华优秀传统文化教育范式的哲学思考

唯物史观认为，社会存在决定社会意识，社会意识反过来影响和推动社会存在的发展。由此可知，社会实践活动须有一定的理论基础作为指导，而哲学思维作为一种世界观和方法论的统一，是理论指导的前提。由文化自信范式转向文化建设范式，首先需要构建文化建设范式的哲学思维，以此来指导新时代文化建设的理论构建和实践创新。恩格斯说过："每个时代的理论思维，包括我们时代的理论思维，都是一种历史的产物，它在不同的时代具有完全不同的

形式，同时具有完全不同的内容。"[①]以文化制度建设为主要内容的文化建设时代应该有与之相适应的文化建设的哲学思维方式，时代的转换需要一次哲学思维革命。作为文化建设重要组成部分的传统文化教育，其哲学思维也必须进行一次革命，以适应新时代青少年教育。

（一）由注重"传统文化自信"的思维方式到"传统文化建设"的思维方式

以儒家为主流的中国传统文化历经两千多年的发展和积累，沉淀出宝贵的伦理道德资源，成为中华民族独具的精神特质和精神标识，具有独特的魅力，我们有理由对我们的文化自信，对凝聚其中的价值观自信。改革开放以来，经过40多年的改革和发展，形成了文化自信思想，坚定了道路自信、理论自信、制度自信和文化自信，开创了中国特色社会主义文化发展的良好局面。当前中国特色社会主义进入新时代，中国特色社会主义文化制度框架已经基本确立，下一步我们要做的就是要进一步加强中国特色社会主义文化建设，转变文化发展思维，对于传统文化，需要我们构建"传统文化建设"的建设性思维方式，全方位开展文化制度建设。

"传统文化建设"的建设性思维方式要求我们在推进传承与发展过程中更加注重传统文化制度和体制方面的建设，坚持和完善传统文化保护和传承的体制机制建设；要求我们要推动传统文化创造性转化、创新性发展，在不忘本来的基础上做到返本开新，使传统文化更好地适应新时代我国经济社会转型发展；要求我们在传统文化制度建设时，要在中国特色社会主义文化制度框架的基础上不断坚持和完善这一制度，继续改革具体的传统文化制度，更加注重传统文化教育制度的建设和完善，建设体现新时代中国特色社会主义文化优越性、独具特色的文化制度体系；要求我们要加强传统文化教育理论研究、课程开发和建设力度，加大传统文化教育投入。同时，要求我们强化传统文化实践力度，在社会发展的实践中，努力营造传统文化育人的良好氛围，消除阻碍传统文化认同和践行的思维，通过机构设置、文化资源配置、思维转换、教育引导等方式推动传统文化在全社会的推广。

（二）由"统一性思维"到"多样性思维"

新中国成立以来，由于历史和现实的原因，以及由于我国处在社会主义制度的探索、建设时期，基于政治斗争和阶级斗争的需要，在共产主义和社会主

---

① 马克思，恩格斯．马克思恩格斯文集（第九卷）[M]．人民出版社，2009:436．

义理想的感召和指引下，我们形成了高度统一的思维方式和制度模式，它强调并反映集体利益和国家利益。在文化方面，文化体制的建立和变革同样强调社会主义文化的唯一性，即文化要为社会主义制度服务。改革开放之后，随着国内外环境的变化，特别是国内市场经济体制的确立和进一步发展，这种情况发生了根本变化。在中国特色社会主义形成、确立、发展的过程中，社会在倡导国家、社会利益高于一切的同时，更加注重个体的主体性、差异性和需求的多样性。社会主义文化建设在改革开放进程中不断发展、繁荣，在这一过程中，中国特色社会主义文化进一步自信，社会文化活动也进一步肯定、引导和培育人的思想、道德及精神境界的个性特征。中国特色社会主义进入新时代，这是我国发展的新的历史方位，新时代我国社会主要矛盾转变为人民日益增长的美好生活需要和不平衡不充分的发展之间的矛盾，文化需求是人民对美好生活的重要需要，这种需要也必然是多样性和多元化的。于是，文化需求的个体的多样性、差异性和多元化日益凸显出来，不同个体权利主张、意志表达和实践方式选择的主体性、差异性、多元化也成为新时代的新特征，这是我们坚持新时代传统文化教育多样性思维的现实基础。

在当前的传统文化教育建设中，我们的制度设计、政策引导和教育实践要更加注重现实意义，使传统文化教育建设为人的自由全面发展提供更为宽广的空间，有更多促进成长成才的德育资源和渠道，以及为个体成长提供更为畅通、有效和便利的表达意志的通道，使传统文化教育制度更尊重个体的主体性和自由发展的要求，使制度更注重保障个体文化需求的满足和个体自主选择的自由，让传统文化促进人的自由全面发展。

（三）由注重教育评价到注重以人为本、文化发展进步

2014 年，为落实立德树人的根本任务，进一步加强新形势下中华优秀传统文化教育，教育部印发了《完善中华优秀传统文化教育指导纲要》（以下称《纲要》），《纲要》指出，加强中华优秀传统文化教育，是"构建中华优秀传统文化传承体系，推动文化传承创新的重要途径"，是"培育和践行社会主义核心价值观，落实立德树人根本任务的重要基础"。由此可见，传统文化教育的目标指向非常清晰，就是要立德树人，换句话来讲，之所以要完善传统文化教育，是因为当前的教育尤其是德育是缺失的，需要回归传统文化，从传统文化中深入挖掘和阐释讲仁爱、重民本、守诚信、崇正义、尚和合、求大同的德育功能，汲取教育能力，进而推动文化传承，这是推动传统文化教育的原初动力。当前，青少年教育经过数轮改革，功利性教育虽然在一定程度上得到扭转，但由于应

试的需要，功利性教学依然存在，重智育轻德育、重育才轻育人的总体局面依然没有转变。当前的传统文化教育要改变这种重育才轻育人的教育方式，注重以人为本，就要注重人的主体性，满足人的多样性需要和价值追求，不仅满足人的当下文化需要，更要注重文化在人的长远发展中的作用；不仅被动地满足人的成长成才的需要，更要主动地进行供给侧结构性改革，以引导人的新的需要，提高人的文化需求层次和人的规格；不仅仅要满足一部分人的发展需要，而是要满足每个人的发展需要。这就要求传统文化教育要加强建设力度，特别是要加强顶层设计和传统文化制度建设力度。要搞清楚新时代青少年发展的新特征，搞清楚他们成长成才的特征与规律，搞清楚新时代社会发展的新要求。同时要深入挖掘和阐释传统文化，并通过创造性转化和创新性发展赋予传统文化新的时代价值，通过传统文化建设特别是制度建设强化传统文化教育，促进人的发展和文化的繁荣。

### 四、中华优秀传统文化与青少年教育研究的脉络

清晰的研究思路和研究方法是进行主题研究的阶梯，是科学研究的重要保障。对中国传统文化与青少年教育研究的基本思路和主要方法需要进行提前规划。

### （一）基本思路

从中国传统文化的视角来透视青少年教育的发展与创新是一项具有综合性、跨学科性和基础性的工作，在研究过程中为了实现研究目标，本研究组成员按照由概念到判断、由历史到现实、由判断到推理、由理论到实践的逻辑顺序，坚持史论结合、正反参照、历史与逻辑相统一的原则，对研究思路进行了设计。首先，通过对"文化""中国传统文化""中华优秀传统文化"的含义及其伦理性质解析，阐释中国传统文化对于青少年教育的重要意义，印证了中国传统文化视阈中的青少年教育的必要性，澄清了选题的价值所在。其次，通过对中华优秀传统文化青少年教育的学理依据溯源，以及客观梳理青少年传统文化教育现状，揭示出开展中国传统文化青少年教育的紧迫性。再次，通过对中国传统文化主要内容及其在青少年德育上的特殊功能的梳理和阐释，并客观查摆当前青少年传统文化教育的主要形式及存在的问题，论述了中国传统文化视阈下青少年教育的可能性，为其后开展青少年传统文化教育历程的阐述奠定了基础。另外，按照新时代我国社会主要矛盾的转变，教育改革的深化推进的现实，以及对传统文化教育的重视，这些对青少年教育提出新的要求，中国传统文化教育面临转型，据此勾勒出新时代传统文化语境下我国青少年传统文化教育的发

展趋势。最后，对新时代青少年传统文化教育展开研究，从教育任务、原则、目标、路径等方面全方位探讨，并对中国特色青少年传统文化教育文化生态的美好图景进行展望。

## （二）基本方法

对中国传统文化与青少年教育的研究，既要着眼于传统文化青少年教育德育功能分析，又要立足于新时代文化建设视野下我国青少年教育历史演进的回顾与梳理，其综合性、跨学科性和基础研究性是非常明显的，为保证顺利完成相关研究任务，本书坚持以马克思主义世界观与方法论为指导，自觉运用以下基本方法进行研究。

### 1. 唯物辩证法

研究中华优秀传统文化融入青少年教育问题，必须坚持唯物辩证法，在研究中自觉运用在普遍联系中把握事物的方法，在运动变化中把握事物的发展方向，以及实事求是、矛盾分析法、历史与逻辑相统一的方法，分析和研究中华优秀传统文化融入青少年教育的特点和规律。具体来讲，要运用普遍联系、矛盾分析和运动变化的研究方法，深刻把握中国传统文化融入青少年教育的必要性、可能性和紧迫性，以及把握新时代传统文化融入青少年教育的途径的创造性转化和创新性发展，赋予其时代特色和内涵。要坚持历史与逻辑相统一的方法，此方法是唯物辩证法在分析历史事物时所采用的一个基本方法。"历史从哪里开始，思想进程也应当从哪里开始。"[①] 历史是逻辑的基础，逻辑是历史的抽象和理论升华，以历史事实为基础而达到历史与逻辑相统一，才能产生正确的、彻底的理论，才能指导历史进程。传统文化及传统文化视阈下青少年教育的历史与现实是一个客观运动的进程，这就要求我们在研究时要考虑到其发展历史的过程性特征，对我国传统文化发展的脉络和传统文化的内容，以及我国各个时期青少年传统文化教育的理论和实践特征进行归纳和总结。同时，青少年传统文化教育的发展同样是一个主观的思想认识过程。随着时代的发展，人们对青少年传统文化教育语境的看法也在发生相应的变化，同时伴随着经济社会的发展，人们的态度也需要用文化制度和文化建设的供给侧结构改革来引导。对于这种思想观念的变化及与之相适应的实践模式的转换，我们要在归纳总结的基础上，进一步进行理论升华，形成相适应的理论体系和逻辑框架，来更好地指导传统文化教育的实践创新发展。

---

① 马克思，恩格斯. 马克思恩格斯选集（第二卷）[M]. 北京：人民出版社，1995:43.

### 2.文献研究法

中国传统文化源远流长，尤其是其中的思想文化更是皇冠上的明珠，传统文化的精髓主要通过文献记载得以流传至今。因此，本研究运用文献研究法系统梳理中国传统文化的重要思想和主要内容，为接下来的青少年传统文化教育奠定基础。同时，运用文献研究深刻把握当前中华优秀传统文化融入青少年教育现状、研究现状及存在的问题，探索和把握其发展规律、历史沿革、时代变化，据此总结出新时代传统文化教育的转型要求，为新时代如何开展青少年传统文化教育打下基础。

### 3.系统研究法

运用系统研究分析方法，整体把握中华优秀传统文化融入青少年教育的构成及要素间的相互关联，探讨中华优秀传统文化融入青少年教育与新时代要求、理论发展、教育环境的相互关系，分析中华优秀传统文化融入青少年教育在新时代发展的内外因素，研究其发展的基本规律、理论发展、时代内容、体系构建等。

### 4.比较研究法

比较研究法是把有某些联系的事物在不同时期、不同背景下的不同表现放在一起进行一定考察，探寻其异同，据此揭示对象所特有的本质，发现并总结其规律的方法，包括纵横比较、前后比较和正反对比等。透视中国传统文化在新时代青少年教育中的地位、作用和发挥作用的方式的变迁是本研究的主要目的。在研究中进行不同阶段和不同地域、不同环境下的中华优秀传统文化融入青少年教育的比较研究，以及青少年教育中人们对传统文化不同态度的前后比较和正反对比，探索中国传统文化融入青少年教育的发生、发展规律，坚持在科学总结、继承借鉴的基础上，探讨中国传统文化融入青少年教育的普遍性价值及方法，进而对中国特色青少年传统文化教育模式的建构提出自己的看法。

### 5.跨学科研究法

跨学科研究是基础研究的一个重要趋势。学科之间的高度综合，日益密不可分，尤其是一些研究方法的相互借鉴，各种方法互相取长补短，增进了学科之间的融合和研究的科学性。就本研究主题来说，我们要不断对中国传统文化与青少年教育的基本理论和精神实质进行解读和总结，还要对中国古代哲学、古代史、近现代史、文化史、思想政治教育史、教育学、社会学、政治学等学科领域中的相关知识和理论进行研究和有针对性的运用。毋庸置疑，跨学科研究方法对于拓展学术视野，深化对研究对象的理性认识，实现研究工作的创新具有至关重要的理论和现实意义。

### 6. 坚持重点研究与一般研究相结合的研究方法

就是要求在对中华优秀传统文化融入青少年教育的普遍现象、基本史实、一般问题进行研究的同时，重点对中华优秀传统文化融入青少年教育的重大历史现象和重大理论问题进行研究，尤其要注重加强新时代、新情况、主要矛盾历史性转变的历史条件下，我国社会主义现代化建设中中华优秀传统文化融入青少年教育的研究，探索新时代中华优秀传统文化融入青少年教育的价值、转型要求、特点、规律及适应路径。

# 第一章 中华优秀传统文化与青少年教育概述

## 第一节 传统文化概述

### 一、传统文化的含义

党的十八大以来，习近平总书记围绕传承和弘扬中华优秀传统文化发表了一系列重要论述，他特别强调"中华优秀传统文化是中华民族的突出优势，是我们在世界文化激荡中站稳脚跟的根基。实现中华民族伟大复兴，必须结合新的时代条件传承和弘扬中华优秀传统文化"。

#### （一）文化的含义

"文化"一词，我们耳熟能详。然而关于文化的定义，学者们却众说纷纭，莫衷一是。汉语中"文化"是一个复合词，由"文"与"化"两个字组成。"文化"一词古来有之。战国末年的《易·贲卦·象传》中提道："刚柔交错，天文也。文明以止，人文也。关乎天文，以察时变，观乎人文，以化成天下。"天文是指自然界的运行规律，而人文与天文相对，指人类社会中纷繁复杂的关系、人伦。治国理政者要观察天道自然的运行规律，以明耕作渔猎之时序，又要了解掌握现实社会中的人伦秩序，使人与人之间的关系合乎礼仪。此处，已初见"以文化人"之意。至汉时，"文化"已成为一个专有名词。刘向在《说苑·指武》中指出："圣人之治天下也，先文德而后武力。凡武之兴，为不服也；文化不改，然后加诛。"意思是圣人治理天下，先用文德教化天下，再用武力征服天下。

凡是靠武力征服天下的，民众不会信服。文德治理无法改变的事，再使用武力诛罚。这句话强调了"以文化人"、文治在治理国家中的重要作用，要先采用文治的方法，之后才是武治的方法。由上可见，在中国古代，"文化"一词是动词，主要指治理国家方面的政治主张应以文治、文德为先，武力次之。随着社会的不断发展，"文化"逐渐从动词转变为名词，内涵也慢慢发生了变化。

《中国文化语言学词典》中将文化分为广义文化、狭义文化、显性文化、隐性文化、元文化等多种类型。把广义的文化看作是为社会成员共同拥有的生活方式和为满足这些方式而共同创造的事物，以及基于这些方式而形成的心理和行为。广义的文化可以分为物质文化、制度文化和心理文化三个层次。物质文化是指人类创造的种种物质文明，诸如生产和交通工具、武器、日用器具、服饰、居住、饮食和其他人类行为等。物质文化即一种可见的显性文化。制度文化是指各种制度和理论体系，诸如饮食习惯、建筑工艺、卫生管理、娱乐方式等生活制度，婚姻形式、亲属关系、家庭财产分配等家庭制度，劳动管理、艺术生产、教育、道德、风俗、宗教、礼仪、法律、政治等社会制度，以及有关这些制度的各种理论体系。心理文化包括思维方式、审美情趣、宗教信仰、价值观念等。与物质文化和制度文化相比，心理文化处于更深层次。制度文化和心理文化都属于不可见的隐性文化或称为潜在文化。①《辞海》中对文化有四种解释：一是人类创造的物质财富和精神财富的总和，特指精神财富；二是运用语言文字的能力，泛指一般的书本知识；三是特指在某一领域体现的观念、道德和行为规范、风俗习惯等；四是在考古学领域指同一历史时期的不以分布地点为转移的遗迹、遗物的综合体。②《古今汉语词典》中对文化也有四种解释：一是文治教化；二是人类在社会历史发展中创造的物质财富和精神财富的总和，特指精神财富，如文学、艺术、科学、教育等；三是指运用文字的能力及具有的书本知识；四是考古学里指同一个历史时期的不依分布地点为转移的遗迹、遗物的综合体。同样的工具、用具，同样的制造技术等，是同一种文化的特征。③由上可见，权威词典对于文化的内涵解释基本一致。综合考察与分析，我们可以认为：文化是人类在历史发展进程中，从事社会实践活动所创造的一切物质财富和精神财富的总和，它是人类活动的产物，随着人类的产生而产生，随着人类社会向前发展而不断发展。中华传统文化是指中华民族在长期的历史发展

---

① 宋永培，端木黎明.中国文化语言学辞典[M].成都：四川人民出版社，1993：25-26.

② 翟文明，李冶威.辞海[M].北京：光明日报出版社，2002：1216.

③ 杨自翔，楚永安.李达仁.古今汉语词典[M].北京：商务印书馆，2002：1505.

进程中，由于特殊的自然地理环境、经济形式、政治结构、意识形态的作用而演化、积累和世代继承发展下来的一种反映中华民族鲜明特质和风貌、历史悠久、内涵博大精深的民族文化，是历史进程中各种思想、文化、观念形态的综合表现，并且至今仍在生生不息地影响着当代中国社会。中华传统文化是中华民族的语言习惯、文化传统、思想观念、行为规范、情感认同的集中体现，凝聚着中华民族普遍认同和广泛接受的道德规范、思想品格和价值取向。

根据文化的分类，中华传统文化也分为广义和狭义两种。广义的中华传统文化包括形于外的、以客观形式出现的物质文化、制度文化和敛于内的、以主观形式存在的心理文化，也称为思想文化。而通常所说的中华传统文化则属于狭义的文化，即思想文化，它是指中华民族在生息繁衍中形成的理论化和非理论化的，以民族思维方式、价值观念、伦理道德、性格特质、审美情趣、知识结构、行为规范和风俗习惯等形式存在和延续，并进而影响整个社会的、具有稳定形态的精神成果的总和。从本质上讲，无论是广义的，抑或是狭义的中华传统文化，已内化为中华民族的文化心理和性格特质，并广泛渗透到社会政治、经济、生态，特别是精神生活的各个领域，成为影响社会历史发展进程，甚至制约人的思想意识和日常行为的强大力量。

任何民族的文化都有自己的独特优势，并最终形成本民族特有的文化传统。作为世界四大古老文化之一的中国传统文化，是唯一没有中断过的、自成逻辑、运演发育、历经五千多年的历史长河仍然生生不息的人类文化，这在人类历史上可谓独树一帜的。中华传统文化是中华民族千年积淀的文化软实力，其中蕴含的丰富的辩证哲思、道德观念、价值理念和精气神，既是我们科学认识世界和创新推动人类社会进步的重要方法论，也是新时代巩固强化、守正创新主流意识形态的力量源泉，它不仅向世界昭示了中华民族和中华文明强劲的生命力，而且充分说明了中国传统文化巨大的凝聚力、创造性、包容性和稳定性。因此，从某种意义上来讲，中国传统文化是中华民族精神的象征，"优秀传统文化是一个国家、一个民族传承和发展的根本，如果丢掉了，就割断了精神命脉"①。中华优秀传统文化是中华民族历经数千年而依然傲然挺立于世界民族之林的精神法宝和思想重器，它不仅塑造了中华民族的精神气质和性格特质，而且深刻地塑造了国人的思维模式、价值观念、道德规范和行为规范。"中华民族在长期实践中培育和形成了独特的思想理念和道德规范，有崇仁爱、重民本、守诚

---

① 习近平. 在纪念孔子诞辰 2565 周年国际学术研讨会暨国际儒学联合会第五届会员大会开幕会上的讲话 [N]. 光明日报，2014-09-25((002).

信、讲辩证、尚和合、求大同等思想，有自强不息、敬业乐群、扶正扬善、扶危济困、见义勇为、孝老爱亲等传统美德。中华优秀传统文化中很多思想理念和道德规范，不论过去还是现在，都有其永不褪色的价值。我们要结合新的时代条件传承和弘扬中华优秀传统文化，传承和弘扬中华美学精神。中华美学讲求托物言志、寓理于情，讲求言简意赅、凝练节制，讲求形神兼备、意境深远，强调知、情、意、行相统一。我们要坚守中华文化立场、传承中华文化基因，展现中华审美风范。"①

## （二）文化与文明

文化与文明既互相联系又有区别。《辞海》中对文明有三种解释：一是文化；二是指社会发展到较高文化阶段（与"野蛮"相对）；三是有教养、讲礼貌、言行不粗野的。②《古今汉语词典》对文明的解释有四种含义：一是指文采光明；二是指文治教化；三是指社会发展水平较高和具有较高文化的状态。四是旧时指有现代色彩的风俗、习惯或事物。③从权威词典中对文明的解释来看，文明与文化有时是可以通用的，两者都强调"文"字，都是对人类社会发展所创造的物质及精神成果的反映，都随着社会发展而不断向前发展。有些学者认为，两者之间的区别在于两者产生时间不同：文化是伴随人类社会产生而产生的，贯穿于人类社会发展的始终，而文明是文化发展到一定阶段，在文字出现、城市形成和社会分工之后形成的，文明是文化发展的最高形式或高级形式。尤其在历史学界和考古学界，普遍认为文明是较高的文化发展阶段。有些学者认为，两者内涵不同：文明是人类所创造的物质文化，文化是社会发展过程中所形成的精神文化和社会文化。文化包括人的价值观念、信仰、道德、理想、法律、习俗、艺术等方面的因素；而文明仅包括技术、技巧和物质的因素。另外，在词语感情色彩方面，文化是一个中性词，而文明更倾向于褒义色彩。人类在探索宇宙、征服自然、社会实践过程中的一切活动及形成的结果都属于文化，既包含积极进步的方面，也有可能存在破坏与不利的方面。相比之下，文明侧重于强调人类社会的发展与进步，但是并不意味着文明时代就没有野蛮。20世纪近代工业文明高度繁荣，然而第二次世界大战期间，希特勒对犹太人的疯狂屠杀、日军在南京犯下的滔天罪行都远远超过原始的野蛮行径。

---

① 习近平.在文艺工作座谈会上的讲话 [N].人民日报，2015-10-15(002).

② 瞿文明，李冶威.辞海 [M].北京：光明日报出版社，2002：1217.

③ 杨自翔，楚永安，李达仁.古今汉语词典 [M].北京：商务印书馆，2002：1505.

### （三）传统文化与文化传统

传统文化与文化传统也是两个经常在不同场合被混用的词语。传统文化与文化传统都凝聚了一个民族和国家的精神力量。但是，传统文化重在强调文化。传统文化与外来文化、现代文化相对。一般认为，中华传统文化指从我国历史上人类社会形成以来至"五四"新文化运动之前所形成的文化。中华传统文化有自己的时间和空间界限，具有民族性和时代性的特征，它以文学、艺术、法律、风俗、信仰等形式呈现出来，即通常我们所说的文化遗产，包括物质文化遗产与精神文化遗产两个方面。而文化传统重在强调传统，是一个民族精神的体现。它是指贯穿于一个民族和一个国家各个历史发展阶段的各类文化的核心精神。一个民族的所有成员在长期共同的生产、生活中，通过共同的语言进行交往、改造自然、认识世界，最终形成共同的思维方式、审美情趣、生活方式，文化的传统得以形成。

### （四）传统文化发展历程与特点

伟大的中华民族是世界上文明开发最早的古老民族之一，创造了辉煌灿烂的文化。中华文化有 200 万年的历史，文字记载的历史也有上千年时间。从蒙昧到野蛮，再到文明，中华文化经历了漫长的发展历程。中华文化发源于尚无文字记载的上古时期，"女娲造人""神农尝百草""燧人氏钻木取火""有巢氏教人造房"等神话传说反映了上古时期人们对人类自身及自然界的求索与认知。经过商周时期的孕育到春秋战国时期的文化"百家争鸣"，秦汉时期中华文化基本定型。魏晋南北朝时期，中华文化持续向前发展，到大一统的隋唐时期文化更是绚烂多彩。尤其是唐朝，推行开明、开放、兼容的文化政策，中外文化交往频繁。在继承和发扬隋以前的传统文化的基础上，吸收和借鉴其他各民族及外来文化的优秀部分，铸就了唐朝文化的灿烂辉煌。至宋明时期，中华文化进一步得到强化，以宋明理学为代表的理论体系探讨内容广泛，影响至深至远。由明入清，封建制度走向没落，传统文化也逐渐式微。因此就时代而言，"中国传统文化，尤其是作为其核心的思想文化的形成和发展，大体经历了中国先秦诸子百家争鸣、两汉经学兴盛、魏晋南北朝玄学流行、隋唐儒释道并立、宋明理学发展等几个历史时期。"[①]

就种类来说，中华优秀传统文化既有朴素辨证的道家，又有注重逻辑的墨

---

① 习近平.在纪念孔子诞辰 2565 周年国际学术研讨会暨国际儒学联合会第五届会员大会开幕会上的讲话 [N]. 人民日报，2014-09-25(002).

家；既有谈军事的兵家，又有论农事的农家；既有重视法治的法家，又有推崇伦理的儒家；既有以文学、理学为代表的古代的艺术和智慧结晶，又有以伦理道德、价值观念为代表的传统"人伦日用"。就其主流而言，中国传统文化是以儒家思想文化为主导，以儒释道的统一为体系，以"人伦日用"为特色，呈现出浓郁的道德教化色彩。中国传统文化的道德教化价值倾向自汉代以后更为明显，其主要原因是在意识形态领域实行了"罢黜百家、独尊儒术"的思想统一政策，将以伦理道德教化为主要特色的儒家思想奉为圭臬。儒家思想由此成为历代封建王朝的正统思想和官方文化，成为中华传统文化的核心内容和代名词，而以儒家文化伦理教化为主流的传统文化的道德教化功能由此成为自觉维护整个中国封建社会安定的因素。

总的来讲，以儒家文化为核心和根基的中国传统文化，经过多年的积淀和传承、吸收和借鉴，形成了系统且鲜明的特色——注重伦理道德教化的"德行文化"，"从这绵延 2000 多年之久的历史进程中，我们可以看出这样几个特点。一是儒家思想和中国历史上存在的其他学说既对立又统一，既相互竞争又相互借鉴，虽然儒家思想长期居于主导地位，但始终和其他学说处于和而不同的局面之中。二是儒家思想和中国历史上存在的其他学说都是与时迁移、应物变化的，都是顺应中国社会发展和时代前进的要求而不断发展更新的，因而具有长久的生命力。三是儒家思想和中国历史上存在的其他学说都坚持经世致用原则，注重发挥文以化人的教化功能，把对个人、社会的教化同对国家的治理结合起来，达到相辅相成、相互促进的目的。"[①] 更为可贵的是，这种伦理型文化在漫长的世间序列演进中建构了体系化的道德价值体系，形成了系统、丰富、完备的个人伦理、家庭伦理、国家伦理乃至宇宙观，并相应地确立了一整套完备的道德教育伦理，在调整人与人、人与社会、人与自然、国与国之间的关系中发挥了不可替代的作用。

中华儿女在几千年的劳动实践与创造中所形成的博大精深、丰富灿烂的传统文化，既有对我们现今教育及社会发展有启示、有帮助、值得继承和继续发扬光大的文化，也有糟粕和渣滓，需要鉴别、摒弃。我们要研究传统文化中积极向上的因素，系统梳理中华优秀传统文化的特征、基本精神、功能及其中蕴含的有益的教育方法，探索其对青少年教育的意义与价值，促进优秀传统文化创造性转化与创新性发展。

---

① 习近平.在纪念孔子诞辰 2565 周年国际学术研讨会暨国际儒学联合会第五届会员大会开幕会上的讲话 [N]. 人民日报，2014-09-25(002).

## 二、文化的特征

通过梳理中华传统文化的历史进程，可以看出在漫长的几千年里，勤劳智慧的中华儿女创造了博大精深的中华文化，概括起来说，文化具有丰富性、地域性、传承性、时代性等特征。

### （一）丰富性

文化本身就是从事社会实践活动所创造的一切物质财富和精神财富的总和，因此具有丰富性的特征，而中华传统文化更是历史悠久、内容丰富，包括语言文化、民俗文化、传统礼教道德、哲学思想、学术思想、科技、艺术等方方面面。语言文化方面，汉语是世界上最发达的语言之一，表达丰富。汉语中有很多成语，每个成语背后通常都有一个故事，或妙趣横生，或发人深省，或耐人寻味。汉字的甲骨文是世界上最古老的文字之一，距今已有三千多年的历史。"每一个汉字的后面都是一个灵魂，也正是因为有这样的文字，我们的中华文明才能传承不断。"[①]民俗文化方面，中华地大物博、民族众多，民风民俗也各不相同，经过历史上各民族之间的交流与融汇，形成了中华民族共同的民俗文化。以传统节日来说，中国人过春节已有上千年的历史；元宵节张灯、看花会表演也有悠久的历史，唐代诗人李商隐在《观灯乐行》一诗中以"月色灯山满帝都，香车宝盖隘通衢"描述了元宵佳节街上车水马龙的场景，春节、元宵节、中秋节等传统节日都体现了中国人对团圆、美好的向往与期待。清明节是 2006 年国务院公布的第一批国家级"非遗"。慎终追远，清明节不仅体现了中国人对先人的追思、对历史和传统的重视，同时也是中华文化生生不息的源泉。传统礼教道德方面，中华民族自古以来就是礼仪之邦，以孔子为代表的儒家学派强调人们要学礼、知礼，《论语》里对此有诸多经典论述，如《学而》篇"礼之用，和为贵"、《子罕》篇"夫子循循然善诱人，博我以文，约我以礼，欲罢不能"、《颜渊》篇"非礼勿视，非礼勿听，非礼勿言，非礼勿动"等都强调"礼"的重要性；作为中国古代重要的典籍制度选集，《礼记》中对生活中的礼节和人与人之间的交往准则都作出了详细的规定，其中很多内容对于当代青少年教育仍有宝贵的价值和可借鉴之处。例如，《曲礼上》篇中说道："礼尚往来。往而不来，非礼也；来而不往，亦非礼也"，以及"人有礼则安，无礼则危"。这些都说明中国传统文化中对"礼"的尊崇。哲学思想方面，传统文化中十分注重人与自然的关系，认为自然富有德行，它仁爱宽厚、负载万物，

---

① 郭建庆.中国文化概述[M].上海：上海交通大学出版社，2005：60.

并有自己的运行规则，人要有敬畏之心，要以道德化人，才能"与天地合其德，与日月合其明，与四时合其序，与鬼神合其吉凶"（《周易·文言传》），不违背大自然的规律，人才能与天地和谐相处、鼎足而三。又如，北宋大儒张载"横渠四句"："为天地立心，为生民立命，为往圣继绝学，为万世开太平。"（张载《横渠语录》）其内容涉及社会和民众的精神价值、生活意义、学统传承、政治理想等内容，为儒家思想所追求的理想秩序奠定永恒的精神基础，是一种调整人与自然、人与社会、人与国家、人与人之间关系的伦理道德观念。

此外，"克己奉公"的社会责任感和使命感、"和合共生"的和谐包容原则、"自强不息"的向上精神、"上善若水"的胸襟和气度，以及在家庭中讲"孝道""孝悌"，在社会中讲"礼教""谦和好礼"，在政治上讲"仁政""仁爱"，在管理上讲"德治"，在人伦上讲"宗法"，都是中华传统礼教道德留给我们的宝贵精神财富。

中国的学术思想有着深厚的历史渊源。总体来说，传统的学术思想的主干是儒家、道家，而儒家思想又是核心。儒家学说的创始人孔子，讲究"仁""礼"，道家注重自然无为，老庄哲学中"有无相生""相反相成"等朴素辩证法思想对后代也产生着深远影响。科学技术方面，中国古代科技取得了非常丰硕的成果。除了大家熟知的"四大发明"，天文历法方面《春秋》中留下了世界公认的关于哈雷彗星的最早记录，比欧洲早670多年；历法上确立"十九年七闰"的原则，比欧洲早160年；西汉时期关于太阳黑子的记录是世界上最早的太阳黑子的记录。艺术方面，中国传统艺术的遗产极其丰富并且辉煌，绘画、书法、建筑、美食、服饰等都有几千年的积累与创造。绘画的历史最早可以追溯到原始社会新石器时代的彩陶纹饰和岩画；书法自甲骨文与金文开始，经过一系列演变，形成篆书、隶书、行书、楷书、草书等不同体式，出现了王羲之、王献之、欧阳询、颜真卿、柳公权、怀素、黄庭坚等众多杰出的书法大家，形成不同流派；中国古代建筑既有观赏价值，又有实用价值，现今仍留存的故宫、天坛、明十三陵及赵州桥、安济桥等无不体现着古人的非凡智慧与伟大创造。总之，中华传统文化包含方方面面，内容广博，处处体现着五千年文明古国深厚的文化底蕴。

## （二）地域性

文化的地域性是指不同的文化具有不同的地域特色。中国是一个半封闭的大陆型国家，长江、黄河流域的自然及气候条件非常适合发展农业，因此中国从古代到近代都是以发展农业经济为主，农耕文化贯穿于传统文化的始终。同时，中国又是一个土地广博、幅员辽阔的国家，各地地域、自然条件等方面不同，人们的生活环境不同，文化也会产生差异，因此中华传统文化具有地域性的特征。

夏商时期，工权所统治地区的四周"方国林立"，到西周时期"众建亲戚、以藩屏周"，地域文化的差异已初见端倪；到春秋战国时期，由于政治经济上发展的不平衡，诸侯割据争霸，更加强化了文化上的地域差别。《荀子·儒效》说："居楚而楚，居越而越，居夏而夏，是非天性也，积靡使然也。"意思是一个人生活在什么样的环境中，长期积累，他的品性就会跟着环境的改变而发生变化。《诗经》的《国风》按15个地区汇编地方诗歌，生动地反映了从西周末到春秋中叶各诸侯国的风土人情之异，具有鲜明的地域文化特色。

一方水土养育一方人、孕育一方文化。郭建庆在《中国文化概述》中，按照文化的地域性将传统文化分为长白文化、齐鲁文化、中州文化、三晋文化、关中文化、西北文化、吴越文化、荆楚文化、巴蜀文化、滇黔文化、闽台文化、岭南文化等，认为不同的区域文化在相当程度上具有兼容性、渗透性和互补性。①实际上，上述根据地域对文化的分类可以概括为两个类别的文化，即南方文化与北方文化。由于地理、历史等原因，在几千年的历史进程中，我国传统文化形成了南北之分，北方文化雄浑壮丽，南方文化秀丽婉约，所以由于地域造成的传统文化差异中，以秦岭—淮河一线为界划分南北的南北方文化差异最具有代表性和典型性。

《中庸》中记载：子路问强。子曰："南方之强与？北方之强与？抑而强与？宽柔以教，不报无道，南方之强也，君子居之。衽金革，死而不厌，北方之强也，而君子居之。"由此可见，两千多年前的先贤已经注意到了南方人与北方人的性格差异，南方人的强大体现在宽容柔顺教人，不报复对己无理者，而北方人的强大体现在凭借武器甲胄，对死都无所畏惧。除了南北方人的性格差异，南北文化差异还体现在诸多方面，如语言方面，南方语言纷繁复杂，发音差别很大，互相沟通困难，因为南方地区地形复杂，形成了较多的方言；北方语言大多整齐划一，相互之间交流基本无障碍，这一方面是因为北方地形比较平坦，人与人之间交流较多；另一方面也因为北方民族之间的迁徙与战争促进了语言的交融统一。文学方面，先秦文学中，《诗经》是北方文学的典型代表，现实主义的题材根植于中原的农耕文化；《离骚》是南方文学的典型代表，浪漫主义的写作风格反映出南方人对自然的崇拜。先秦之后的文学也体现出南方婉约、

---

① 郭建庆.中国文化概述[M].上海：上海交通大学出版社，2005：4.

北方豪壮的不同风格，如宋词的清丽婉约与唐代西北边塞诗的奇丽豪迈就形成了鲜明对比。哲学思想方面，孔孟的儒家哲学发源于北方的齐鲁大地，老庄的道家哲学则产生于南方荆楚一带。儒家提倡积极的"入世"态度，强调刚健自强。相反，道家提倡无为而治、隐退自守，这就是所谓的"南老北孔"。艺术方面，绘画上有"南北分宗"、戏曲上讲究"南路北路"，饮食方面有"南甜北咸"，甚至建筑、园林等也因为南北自然环境与社会环境不同而各具特色与风格。当今社会是一个信息化的社会，南北之间交流广泛，地域文化已经不像历史上那么明显，不同的地域文化相互交融、相得益彰，既有各自的特色，又统属于中华传统文化。

（三）传承性

文化的传承性是指文化在一个民族长期共同生活过程中被创造并通过代代相传而不断得以延续下去。文化不是无源之水、无根之木，它来自各民族祖先辛勤的劳动创造。对传统民俗的继承、传统道德礼教的继承、传统文学艺术的继承、传统学术思想的继承，都体现了文化的传承性特点。任何一个民族所创造的文化，都会在世代的发展中保持其内在的固有特征，以物质或精神的方式流传下来。例如，如前文所说，我国的春节、元宵节、清明节等传统节日，都可以追溯到上千年以前；传统的"孝"文化、"廉"文化、道德伦理虽然在现代社会融入了很多新鲜内容，但其核心内容仍来自中华传统文化。同时，传统文化的传承性与其稳定性不可分割。正是因为传统文化具有相对的稳定性，才能在世代相传中保留着原有的基本特征，通过一个民族的语言、思维方式、生活习惯、价值观念及民风民俗等表现出来。

（四）时代性

不同的生产力水平对于不同时代的文化有着强大的塑造功能。文化的时代性是指不同的时代由于生产力发展水平的不同、物质基础不同，产生不同时代相对应的文化。按照马克思主义历史唯物主义的原理，经济基础决定上层建筑。不同时代的生产力水平属于经济基础，而不同时代的文化则属于上层建筑领域的内容。"青铜文化"是奴隶社会鼎盛时期的代表文化，反映了当时人们的生产、生活水平及文明程度。随着时代向前发展，生产力水平不断提升、科学技术不断进步，文化内容也不断地增加和向前发展。从西汉董仲舒"罢黜百家、独尊儒术"开始，在长达两千年的封建统治时期，以儒家的治国理政、伦理道德为核心的儒家文化几乎一直占据统治地位，但是不同朝代的封建文化又有自己的独特之处，如魏晋时代思想的主流是玄学，唐朝推崇佛教，宋朝理学兴起，而到清朝时期封建文化已经走向没落。直到近代的鸦片战争打开中国的大门，西方文化大量涌入，中西方文化冲突加剧，中国传统文化也发生了相应变化。新民主主义革命时期，中国文化的指导方针是发展科学的、民族的、大众的文化。

今天，中国人民在中国共产党的领导下建设有中国特色的社会主义，中华民族正在以前所未有的姿态接近世界舞台的中央，为早日实现中华民族伟大复兴的中国梦而不懈努力，相应的社会主义先进文化成为新时代我国文化的代表。社会主义先进文化根植于中国的现实，来源于中华优秀传统文化的民族精华、红色革命文化的历史遗产，在当今时代和社会条件又被赋予新的内涵。

### 三、中华优秀传统文化的基本精神

中华传统文化由古至今延绵上下五千年，虽然经历了不同的社会历史形态，至今仍长盛而不衰，历久而弥新，甚至在新时代彰显着其独特的魅力和跨越时空的价值，说明在传统文化的背后一定有一种精神内核，支撑着文化代代相传、自我更新，这个基本精神内核就是中国传统文化的基本精神。这种精神是勤劳勇敢的中华儿女在五千年的实践中创造出来的，是历史沉淀的结晶。

马可、杨娟、王美玲在《中国传统文化精神导论》中将中国文化的基本精神概括为天人合一的和谐精神、民为邦本的民本精神、家国同构的伦理精神、经世致用的科学精神、关怀现世的宗教精神、内圣外王的修身精神、得意忘言的审美精神；[①] 朱哲在《中国文化讲义》中，将中国传统文化的基本精神划分为以人为本的人文精神、以和为贵的和谐文化理念、有容乃大的包容精神、经世致用的实践精神；[②] 李平在《中国文化概论》中将中国文化的基本精神概括为天人合一、物我相通，自强不息、兼容并包，以人为本、崇尚道德，和而不同、中行无咎。[③] 针对青少年教育，在此我们将中华传统文化的基本精神划分为以下几种：天下兴亡、匹夫有责的家国情怀；崇德修身的人格修养；以人为本的人文情怀；以和为贵的和谐观念；自强不息的奋斗精神；经世致用的实践精神。

### （一）天下兴亡，匹夫有责的家国情怀

"家国情怀"是中国优秀传统文化的基本精神之一。所谓的"家国情怀"，

---

① 马可，杨娟，王美玲.中国传统文化精神导论 [M].北京：清华大学出版社，2015：7-8.

② 朱哲.中国文化讲义 [M].武汉：武汉理工大学出版社，2006：3-5.

③ 李平.中国文化概论 [M].合肥：安徽大学出版社，2015：20-23.

指的是作为中华儿女情系祖国、以天下为己任、与国家和民族休戚与共的责任感与使命感。家国情怀是一种精神归属，把亿万中华儿女的血脉联系在一起，不可分割。《孟子·离娄上·第五章》中提到："人有恒言，皆曰：'天下国家。'天下之本在国，国之本在家，家之本在身。"意思是人们有句经常说的话，大家都说"天下和国家"。天下的根本在于国，国的根本在于家，家的根本在于每个人自身。在中国人的观念里，国家、家庭和个人是紧密联系在一起的，个人前途与国家命运是同频共振的，没有国就不会有家，家是最小国，国是千万家。历史上数不清的英雄人物忧国忧民，为国家和民族殚精竭虑、死而后已。文天祥《过零丁洋》中"人生自古谁无死，留取丹心照汗青"的崇高民族气节；宋陆游《示儿》中"王师北定中原日，家祭无忘告乃翁"的忧国情怀；王昌龄《出塞》中"但使龙城飞将在，不教胡马度阴山"壮志难酬的不甘；鲁迅"寄意寒星荃不察，我以我血荐轩辕"的豪迈誓言，都是"家国情怀"的真实写照，也成为许多仁人志士的人生座右铭。

"家国情怀"的核心是爱国主义精神。近代，面对外敌入侵、内忧外患，中华泱泱大国备受屈辱，爱国主义那时就是把中华民族儿女拧成一股绳的强大精神力量，引领着无数革命先烈前仆后继，为救亡图存和争取民族独立而不懈奋斗。今天，中华民族实现了从站起来到富起来、强起来的伟大历史飞跃，中国特色社会主义进入了新时代。2019年4月30日，习近平在纪念五四运动100周年大会上的讲话中说道："历史深刻表明，爱国主义自古以来就流淌在中华民族血脉之中，去不掉，打不破，灭不了，是中国人民和中华民族维护民族独立和民族尊严的强大精神动力，只要高举爱国主义的伟大旗帜，中国人民和中华民族就能在改造中国、改造世界的拼搏中迸发出排山倒海的历史伟力！"在新时代，仍然需要在青少年中厚植"家国情怀"，在全社会弘扬爱国主义精神。让传统文化中"苟利国家生死以，岂因祸福避趋之"的民族精神凝聚成新时代的爱国主义精神，让"家国情怀"与爱国主义汇聚成强大的精神力量，共同推动中国特色社会主义事业的伟大实践，实现中华民族伟大复兴的中国梦。

### （二）崇德修身的人格修养

在中华民族的传统文化中，一直非常重视道德品质的培养与个人修养的提升。从儿童启蒙教育的《三字经》到儒家经典的《论语》《大学》《礼记》等都可以看出这一点。

关于崇德，《礼记·王制》中说："上贤以崇德，简不肖以绌恶。"意思是尊重有贤德的人以提倡道德风尚，检举品行差的人以摒弃罪恶。《论语·颜渊》

中记录：子张问崇德、辩惑。子曰："主忠信，徙义，崇德也。"意思是子张问怎样提高道德修养和辨别疑惑的能力。孔子回答说："以忠诚信任为主，追求仁义，这就是崇尚道德。"可以看出，作为先贤，孔子非常重视一个人道德的修养，提倡忠诚、仁义，推崇宽厚、谦虚的高尚道德品格，并认为全社会都应该尊重有道德的人。古人认为如果个人没有道德，则法律将穷于应付。孟子认为："人性之善也，犹水之就下也。"《荀子》也说："用此观之，然则人性之恶明矣，其善者伪也。""礼仪者，圣人之所生也，人之所学而能，所事而成者也。"这些思想都为中华民族形成"仁爱"和"善良"的优良品格注入了人文精神的文化内涵。宋儒张载更进一步发挥儒家"仁"的思想，表达了无论贫穷与富贵，都要以立身处世的原则要求自己，贤者要把贫困视为磨炼自己的意志和心性，以实现人生达到至善至美的理想境界："富贵福泽，将厚吾之生也；贫贱忧戚，庸立法于成也。存，吾顺世；没，吾宁也"。

关于修身，《大学》第一章中说："古之欲明明德于天下者，先治其国；欲治其国者，先齐其家；欲齐其家者，先修其身；欲修其身者，先正其心；欲正其心者，先诚其意；欲诚其意者，先致其知，致知在格物。物格而后知至，知至而后意诚，意诚而后心正，心正而后身修，身修而后家齐，家齐而后国治，国治而后天下平。自天子以至于庶人，壹是皆以修身为本。"这段话强调了个人修养德行的重要性，而修养德行的关键在于探究万物的道理以获取智慧，这样才能心意诚实、思想端正。《孟子·尽心下》中说："君子之守，修其身而天下平。"意思是君子所奉行的应该是修饬自身而使天下太平，强调了君子要严格要求自己的德行。武则天在《内训·修身》强调了"身不修则德不立，德不立而能化成于家者盖寡矣，而况于天下乎。"说的是不修养自身则无法成为一个道德高尚的人，没有高尚的道德而能够化育治理好家庭的人很少有，更不必说治理好国家大事了。可见，古人对于"修身"非常重视，个人的修养、道德素质、人格价值是家庭和睦、社会安定的基础。崇德修身，既包括讲忠诚、守诚信、守孝悌的忠孝思想，也包括重仁义、讲仁爱、崇礼仪的道德品质，这种道德观念影响了历史上众多的仁人志士，他们坚持穷理正心，修己安人。古人将守诚信列为做人最基本的道德准则之一。中国很早就有重义轻利的义利观，对诚信的高度重视，成为促使我国古代社会发展进步的积极力量。在中华民族传统文化思想中，对人的诚信品行提出了很高的要求，极度推崇人诚信的道德品格。在中华民族传统思想中，古代先贤们将守诚信作为立身之本，潜移默化地影响着我们的为人处世。"言必信，行必果""君子坦荡荡""人而无信，不知其可也"，这些立身处世的名言警句，激励、熏陶着中华儿女在任何时候都要讲诚信，讲操守，讲品行。中华优秀传统文化的"信"植根在每一个中国人的心中，影响着中国人今天的思想和行为。

当今，重视道德品质的培养、崇德修身对于青少年教育仍具有很重要的现实意义。即便是有很高文化素养的人，如果不注意自身的道德修养，品格低下，也无法成为国之栋梁和社会精英，这也是对青少年进行思想政治教育的原因所在。当然，在建设社会主义市场经济的今天，我们不能把传统文化中的道德规范全部照搬照抄为 21 世纪道德建设的要求，而应该创造性地吸收其中的精髓并加以升华，使之适应当今社会的发展要求和实际情况。

## （三）以人为本的人文情怀

以人文本，在中国古代主要表现为民本思想。以人为本的人文情怀是中国传统文化的一大特色，也是基本精神之一。发端于商周时期的朴素民本思想，有其深厚的文化渊源。《尚书》中的"民惟邦本，本固邦宁"、《诗经》中的"宜民宜人"都是民本思想的体现。春秋战国时期，民本思想得到了极大的发展，孔子、孟子、荀子都是民本思想的典型代表。《礼记·缁衣》中孔子指出："民以君为心，君以民为本""心以体全，亦以体伤。君以民存，亦以民亡。"意思是百姓以国君的心作为自己的心，国君也把百姓作为自己的身体。心会因为身体得到保全，也会因为身体而遭到伤害；国君会因为百姓而存在，也会因为百姓而灭亡。在这里，孔子认为：作为君主要处理好同民众之间的相互关系，要治理好国家就必须以民众为根本。孟子在《孟子·离娄上》中说："桀纣之失天下也，失其民也。失其民者，失其心也。得天下有道：得其民，斯得天下矣。得其民有道：得其心，斯得民矣。得其心有道：所欲与之聚之，所恶勿施尔也。"说的是夏朝的桀、商朝的纣之所以失去天下，是由于失去了天下的民众。之所以失去了天下的民众，是因为失去了他们的心。赢得天下是有方法的，即得到天下的民众。得到天下的民众是有方法的，就是需要获得他们的心。而获得他们的心也是有方法的，就是他们想要的就多多地聚集起来，而他们憎恶的就不要强加给他们，可见孟子强调了顺应民心的重要性。荀子在《荀子·哀公》中更是生动地将君主比喻为船，民众比喻为水："君者，舟也；庶人者，水也。水则载舟，水则覆舟。"这句话也成为历代清明君王的为政之本。北宋范仲淹《岳阳楼记》中的千古名句"居庙堂之高，则忧其民；处江湖之远，则忧其君"，反映了以天下为己任的大无畏精神，这种将民族利益、人民利益放在高于一切地位的精神让我们至今深受鼓舞。从古至今历代仁人志士"先天下之忧而忧，后天下之乐而乐"的文化精神，就像一条红线贯穿于中华民族的内心深处，代代相传。经历数千年的发展，民本思想所倡导的仁政爱民、应天顺民、经世济民等为政理念，已经成为中华民族留给世界的一笔宝贵财富。

当然，中国古代的民本思想主要论述的是"君"与"民"的关系，这些观点的提出不是为了维护广大劳动人民的利益，而是为了维护统治阶级的长治久安。但是这些思想在历史上曾经起到过积极作用，也是中国优秀传统文化的宝贵遗产，在近代民本思想成为推动中国社会进步的重要力量。中国共产党批判性地继承和发展了古代的民本思想，"以人为本"已成为科学的治国方略和执政理念。习近平总书记多次提到，党员干部要以身作则，坚持全心全意为人民服务，"党要管党，首先是管好干部；从严治党，关键是从严治吏"，充分体现了习近平总书记以人为本的思想。当前，教育广大青少年热爱劳动人民、认识到广大人民群众在创造历史、推动社会进步中所发挥的巨大力量具有十分重要的意义。实现"两个一百年"奋斗目标和中华民族伟大复兴的中国梦，必须要重视人民的地位，维护广大人民群众的根本利益。

（四）以和为贵的和谐观念

中华民族历来崇尚"和"的理念。孔子说"礼之用，和为贵"，孟子认为"天时不如地利，地利不如人和"，可见中国古人非常重视和谐。但是"乾道变化，各正其道"，不同事物之间存在差异性和多样性，差异中存在一致、矛盾中存在统一，要达到"以和为贵"的境界就要承认不同事物之间是有差别的，要彼此包容、求同存异、共同发展。"和"包括人与自然的和谐、人与人关系的和谐，以及人与自己内心的和谐等诸多方面。

人与自然的和谐方面，由于农耕社会的需要，中国古代强调"天人合一"。《诗经》中有很多关于自然现象与现实生活相联系的描述，《诗经·大雅·烝民》中说："天生烝民，有物有则。民之秉彝，好是懿德。"意思是说，天底下有众多百姓，万事万物都有自己的法则。人们顺应固有的规律，因而受此美善之德。强调自然界有自己的规律，人们要顺应自然规律，天和人是一体的，这一理念为此后儒家、道家"天人合一"的哲学思想的发展奠定了基础。到北宋时期，张载第一个明确提出"天人合一"的命题。[①] 张载认为，人生的最高理想就是天人之间相互协调，"为天地立心，为生民立命，为往圣继绝学，为万世开太平"千百年来传诵不衰，成为许多有志青年的座右铭。

《周易·象传》中说："地势，坤，君子以厚德载物。"意思是大地的情

---

① 檀江林 . 中国文化概论 [M]. 合肥：合肥工业大学出版社，2009：52.

势柔顺包容，君子应该像大地一样，以宽厚之德承载万物。在人与人关系和谐方面，中国传统文化推崇包容、宽厚等美德，强调"己所不欲，勿施于人""己欲立而立人，己欲达而达人"等儒家仁政思想，并将其作为约束和规范人们行为的准则。认为在处理人与人之间的关系时，要与人为善，努力从他人角度出发思考问题，以此形成人与人之间的友好相处之道，从而达到和谐的境界。人与内心的和谐方面，传统文化提倡"正心"，强调人要发挥自觉性和能动性，克身扬心、崇理灭欲，以此达到身心和谐。

在长久的发展过程中，"和"早已成为中华民族价值观念的重要组成部分。中国近代发展过程中，外国铁蹄的入侵使中国人民饱受战乱之苦，战争带来的灾难刻骨铭心，让今天的中国人民对和平安定的生活倍感珍惜。在"和"思想的影响下，中华民族高度重视"以和为贵"，中国人民崇尚和谐，成为爱好和平的民族。在中国人文精神中，"和"就是把各种相互作用、相互矛盾的事物和谐统一起来，作为一种做人处世的道德和行为准则，是社会和谐最理想的境界。习近平总书记在中国国际友好大会暨中国人民对外友好协会成立 60 周年纪念活动中指出，中华文化崇尚和谐，"在五千多年的文明发展中，中华民族一直追求和传承着和平、和睦、和谐的坚定理念"。①

以和为贵的和谐观念渗透到我们日常生活的各个方面，无时无刻不在影响着中国人的思想观念和行为处事方式。中国人希望人与人之间关系友好、家庭和睦、社会和谐，希望与世界各国和平相处，共谋发展，共建人类命运共同体。从古至今，爱好和平的中华民族就以追求"世界大同"和"兼济天下"为己任，对大同世界的追求蕴含着人类命运共同体的哲学思想。在处理人与自然，处理各个民族的关系上，尊重各自的独特属性，通过中庸的方式达到包容凝聚。在《礼记·礼运大同篇》中描述的大同世界就是一个人人平等、天下大同的景象："大道之行也，天下为公。"中国提倡"天下太平、共享大同"，世界各国人民应当共享发展成果。构建人类命运共同体不仅会造福中国人民，而且也会造福各国人民。荀子说："四海之内若一家，莫不趋使而安乐之。夫是之谓人师，是王者之法也。"这些思想都集中体现了中华民族历代先贤的智慧和卓识的才干，与马克思的"世界历史"理论有着相当高度的契合，为我们今天构建人类命运共同体提供了丰富的文化资源。中国传统文化的"和"文化，对我们当下注重新型人际关系的构建、促进社会和谐具有重要的启示和影响。中国"和"

---

① 习近平.在中国国际友好大会暨中国人民对外友好协会成立 60 周年纪念活动上的讲话[N].人民日报,2014-5-16(2).

文化追求的是中国人民的福祉，也是世界各国人民共同的福祉。中华文化中"和"的价值理念决定了中国在实现中国梦的路径选择上，会坚持走和平发展道路。随着中国的不断发展，中国将继续为世界和平与发展作出自己的贡献。

总之，和谐思想是中国儒家、道家、佛家等多家文化流派相互碰撞、彼此渗透、融合而成的，体现了中华民族海纳百川的博大胸怀与气度。中华优秀传统文化蕴含的关于天下大同、关于民生的思想等，都为解决当代人类面临的难题提供了重要启示。当前，用和谐精神教育广大青少年既有理论价值又有现实价值。

## （五）自强不息的奋斗精神

在《中国文化与中国哲学》一文中，著名哲学家、哲学史家、国学大师，北京大学哲学系教授张岱年先生指出："过去有一种流行的观点，认为中国文化是柔静的文化。应该指出，这是从表面看问题。道家宣扬柔静，周敦颐提倡'主静'，固然都有一定影响，但这不是中国文化的主流。仅仅推崇'柔静'，是不可能创造出灿烂的文化业绩的。作为中国文化的基本精神的，应是刚健有为、自强不息的思想态度。"[①]自强不息出自《周易·象传》："天行健，君子以自强不息。"古人观察天道，认为日月星辰之运行无休无止，君子应该效法之，努力不松懈。千百年来，刚健自强的奋斗精神鞭策着一代又一代中华儿女不畏困难、勇于探索和实践，整个中华民族的历史就是一部中华儿女自强不息的奋斗史。

被尊为圣人的儒家创始人孔子"发愤忘食，乐以忘忧，不知老之将至云尔"。孔子发愤用功，连吃饭都忘记了，追求理想信念，忘记了一切烦恼忧愁，甚至连自己快要老了都没有觉察到。孔子的一生，就是自强不息的一生。他周游列国，宣传自己的道德理念，强调做人要有志气，"三军可夺帅也，匹夫不可夺志也"。孔子晚年的弟子曾子继承了孔子的思想，《论语》记载，曾子曰："士不可以不弘毅，任重而道远。仁以为己任，不亦重乎？死而后已，不亦远乎？"曾子认为，知识分子要胸怀宽广，意志坚强，因为责任重大，路途遥远。要把实现仁德作为自己的责任，到死才停止奋斗。一百多年以后的孟子，秉承了孔子的一贯精神，提倡"富贵不能淫，贫贱不能移，威武不能屈，此之谓大丈夫"，并提出"天将降大任于斯人也，必先苦其心志，劳其筋骨，饿其体肤，空乏其身，行拂乱其所为，所以动心忍性，曾益其所不能"，认为逆境更能让人的性情、智慧和能力得到磨炼和提升，体现了中华民族古已有之的坚韧不拔、愈挫愈勇的奋斗不息精神。

---

① 　张岱年. 中国文化与中国哲学 [C]. 北京：东方出版社，1986: 10.

中国历史上不畏艰难、自强不息的名人故事不胜枚举。战国时期著名的外交家和谋略家苏秦，"读书欲睡，引锥自刺其股"。正因为他发奋读书，才得以纵横之术名扬诸侯之间。东汉著名政治家孙敬好学，"晨夕不休"，夜晚"以绳系头，悬屋梁"，后来成为当时大儒。西汉史学家司马迁受酷刑，但他忍辱负重、发愤写作，耗尽一生心血，终于完成了被鲁迅先生称为"史家之绝唱，无韵之离骚"的《史记》。北宋杰出的政治家、文学家范仲淹幼年丧父、家境贫寒，他发奋苦读，终于及第，有所作为。纵观历史，中华民族曾经历过无数次的天灾人祸、内忧外患，近代以来更是饱经磨难，遭遇"数千年未有之变局"。面对列强的侵略，在民族危亡的关键时刻，坚韧的中华儿女进行了不屈不挠的反侵略、反压迫的抗争，无数仁人志士在危难时刻力挽狂澜、舍命抗争，涌现出了林则徐、邓世昌、杨靖宇等诸多民族英雄。

《礼记·大学》说："苟日新，日日新，又日新。"这种每日反省、不懈追求、不断创新的精神，反映的就是中华民族刚健有为、自强不息的人生态度。自强不息的奋斗精神已成为支撑中华民族几千年来不惧艰险、奋勇向前的精神支柱。青少年应该继承古圣先的自强不息的奋斗精神，奋发有为、不懈努力，才能让中华民族明日更加辉煌，永远屹立于世界民族之林。

## （六）经世致用的实践精神

《辞源》及《古今汉语词典》中对"经世"的解释都是治理世事。经世致用即关注社会中存在的现实问题，用所学知识来解决社会问题、治理世事。经世致用的思想可以追溯到先秦时期的思想家孔子。由孔子所创立的儒家思想，作为中华文明的核心结构，本身就是一种"入世哲学"，是一门关注现实的学问，教人们如何为人、如何处事，教统治者如何治国、如何理政。孔子周游列国，其目的就是宣传他的思想观念，改变春秋末年社会动乱、礼崩乐坏的混乱局面，恢复理想中的社会秩序。儒家这种强烈的经世的传统及致用的实践精神对中国传统社会的各个阶层都产生了深远的影响。至明清之际，经世致用的实学思潮达到顶峰，以明末清初三大思想家顾炎武、黄宗羲、王夫之等人为最杰出的代表。例如，顾炎武提倡经世致用，反对空谈，认为"君子为学，以明道也，以救世也。"黄宗羲说："夫儒者均以钱谷非所当知，徒以文字华藻，给口耳之求，不顾郡邑之大利大害。"强调了经世致用、学以济世的重要性。

在经世的传统及致用的实践精神的影响下，古代知识分子在生产、生活各个方面努力学以致用、重视实践、关注现实问题，在科学技术方面取得了璀璨耀目的成就。中国古代特别重视天文历法，公元前613年便出现了关于哈雷彗星的最早记录，战国时期的《甘石星经》是世界上最早的天文学著作，东汉时期（公元 132 年）张衡发明了世界上最早的地动仪。这些天文成就一方面是因为中国古人秉持"天人合一"的理念，重视天文现象；另一方面是因为中国历来是一个农业大国，天文历法与农业生产密切相关，关注天文现象对农业生产有所助益。中国古代数学领域也取得了丰硕的成果。春秋时期就出现了度量衡，《管子》中曾提到"安戏作九九之数以应天道"，可见春秋时期已有"九九口诀"。在战国时期，九九口诀已经相当流行。中国先民发现"勾股定理"比西方早了 500 多年。东汉刘徽编著了中国古代第一部数学专著《九章算术》。中国古代先民在农业方面的科技创造充分体现了中华民族的聪明才智，如多种农业生产用具的发明、冶铁技术的应用等。2300 多年以前李冰父子修建的都江堰水利工程至今依旧在灌溉田畴，被评为世界重要文化遗产。中国古代医学神秘莫测，成就斐然，历史上出现了扁鹊、张仲景、华佗等杰出医学家，中医实践将人与自然视为一个整体，与传统文化中"天人合一"的理念紧密契合。总之，古人钻研数学，发展农业科技、研究医药学都是源于现实需要，以实践为主导，解决现实问题。

经世致用的思想体现了中国古人关注现实、讲求务实的思想特点，以及"以天下为己任"的情怀。"空谈误国，实干兴邦"，青年一代理应继承传统文化中这种经世致用的精神，脚踏实地，实事求是，努力承担起自己的责任与使命。

总之，五千多年的华夏文明发展过程中，中华民族以独特的历史、文化、国情向世界展示着中华民族的精神。天下兴亡、匹夫有责的家国情怀，崇德修身的人格修养，以人为本的人文情怀，以和为贵的和谐观念，自强不息的奋斗精神，经世致用的实践精神，这些中华优秀传统文化的基本精神时时刻刻地影响着我们的精神、文化和生活。无论是在过去还是现在，中华优秀传统文化根植于中华民族沃土，中华民族顽强奋斗、积极进取的精神都有其永不褪色的时代价值。无论是中华优秀传统文化中"天下为公"的情怀，还是"以和为贵"的智慧，都为中华优秀传统文化造福人类开辟了广阔前景。中华传统文化蕴含着丰富的教育资源，对青少年教育具有极大的价值引领作用，将中华优秀传统文化融入青少年教育中，因事而化，因时而新，有利于发挥传统文化强大的教育功能，促进教育事业的不断发展和进步，充分体现中华优秀传统文化的时代价值。

## 四、中华优秀传统文化功能

在上文中，我们总结了中国传统文化的基本精神，包括天下兴亡、匹夫有责的家国情怀，崇德修身的人格修养，以人为本的人文情怀，以和为贵的和谐观念，自强不息的奋斗精神，经世致用的实践精神等等，我们认为这些都是传统文化中的精华，也可以将其界定为优秀的传统文化，是应当被继承和发扬光大的。优秀的传统文化作为一种强大的精神力量，几千年来将亿万中华儿女的心凝结在一起，积淀着中华民族最深沉的精神追求，是中华民族生生不息、发展壮大的丰厚滋养，激励着每一个中国人勇往直前，开创更加美好的未来。系统梳理中华优秀传统文化的功能，有助于我们更加深刻地认识中华优秀传统文化对于今天青少年教育的积极意义，促进优秀传统文化在新时代不断发扬光大。

（一）凝聚功能

优秀传统文化具有民族凝聚功能，是民族凝聚力形成的重要依托，而民族凝聚力又是维系民族团结和国家统一的重要纽带。中国传统文化基础上产生的民族意识、民族情感、民族自尊心、自信心和自豪感对于民族团结起到了巨大的凝聚作用。不同地域、不同阶层、不同民族的人们，在同一个文化模式中受到教化，形成相同的思维方式、价值追求和生活习惯，从而形成民族认同感和民族文化心理，内化为一种强大的精神层面的力量。在相同民族文化的哺育下，人们形成一个文化的共同体，自觉排斥相异文化。以爱国主义精神为核心的"家国情怀"就是民族认同感的集中体现。在民族历经磨难时，它激励民族成员为民族生存和发展而共同努力，使中华民族全体成员结成一个统一的有机整体。

经过秦汉时期的大一统，各民族之间不断融合，共同实践。古代中国的地理版图虽然在数千年的历史长河中不断变化，"天下一家""四海统一"等观念始终深入人心，人们自觉拥护国家统一，反对分裂，这些对于中华民族统一的文化心理的形成、传统文化的发展都起到了促进作用，将整个中华民族紧紧凝聚在一起。

（二）激励功能

优秀传统文化具有激励功能，时刻鼓舞着人们为了国家统一、社会进步而发奋图强，不懈奋斗。传统文化中孟子的"舍生取义"让生命的价值得到升华，激励人们为了正义的事业前仆后继；岳飞的"精忠报国"成为激荡千年的家国情怀，激励着一代又一代有血性、有骨气的中国人；"自强不息"的奋斗精神激励人们在逆境中以坚定的信念、顽强的意志和刚强的毅力奋勇拼搏，不轻言放弃；"以和为贵"的和谐理念引导人们坚持以大局为重的观念、坚持集体主义的价值取向，以"和合"文化为精髓，努力达到"美美与共，天下大同"的境界；"以人为本"的人文情怀激励人们发现自我、肯定人的价值，努力实现人生价值；

"轻利忘义""厚德载物""天下为公""忧国忧民"等内容一直激励着每一个中国人为了民族利益、国家利益鞠躬尽瘁。

### （三）涵养功能

中华优秀传统文化具有涵养功能。中华优秀传统文化在新时代仍然具有强大的生命力和鲜活的感染力，是涵养社会主义核心价值观的重要源泉。社会主义核心价值观是一个国家的精神支柱，是人民行动的向导，也是构建国家凝聚力的关键所在，一个民族必须要有核心价值观的引领。社会主义核心价值观在国家层面的价值要求是富强、民主、文明、和谐，社会层面的价值取向是自由、平等、公正、法治，公民个人层面的价值准则是爱国、敬业、诚信、友善，这些价值取向在中华优秀传统文化中都有所体现。

中国传统哲学与文化所提倡的"以民为本""以和为贵""天下为公""敬事而信""一诺千金""上善若水"等理念，在新时代可以用通俗易懂的方式表达出来，使之与中国特色社会主义文化相结合、与时代内涵相呼应，深入挖掘和阐释中华优秀传统文化的时代价值，使之成为涵养社会主义核心价值观的重要源泉，从而引导青少年牢固树立起对社会主义文化的自信。

### （四）教育功能

优秀传统文化丰富的内涵中蕴藏着诸多先进的教育理念，因此具有强大的教育功能。将优秀传统文化作为青少年教育的重要资源，对传统文化的内涵加以提炼，深入挖掘其中蕴含着的深刻教育理念，并顺应教育规律和时代特征将其融入现代教育中，不仅可以使教育规律历久弥新，更可以在新时代继承和发扬传统文化中的精华，将其创造性地继承、创新性的发展。

优秀传统文化对青少年教育具有重要的启示和借鉴作用。坚持将优秀传统文化中的德育思想纳入青少年教育，可以引导青少年树立正确的世界观、人生观和价值观，提高青少年教育的人文性，同时在教育中将传统文化中真、善、美的本质传递给青少年，让青少年从"扣好人生第一粒扣子"，不断修身养性，努力达到《大学》中说列的八目："格物，致知，诚意，正心，修身，齐家，治国，平天下。"

## 五、传统文化中蕴含的教育理念与方法

中国古代的教育历史悠远，成就卓著，不仅学校教育方面成就突出，也涌现出了一大批具有卓越才识和优秀教育思想的教育家，如孔子、孟子、荀子、

墨子、董仲舒、程颐、朱熹、颜之推、韩愈、王安石等，给后人留下了宝贵的教育思想。从优秀传统文化中蕴含着的诸多教育理念与方法中，可以洞悉古代教育家们的真知灼见至今仍旧闪耀着智慧的光芒。我们通过整理归类，将中国传统教育理念、方法及原则进行如下分类：

### （一）有教无类

"有教无类"是孔子的教育主张之一。在《论语·卫灵公》中，孔子提到这一教育理念，即教育学生不必根据他的家境、天资、身份对学生进行分类。孔子的这一教育思想在两千多年前是非常进步的，使平民子弟也有机会接受教育，打破了教育的等级界限。在人类社会发生巨大进步的今天，有教无类的教育思想对于我们仍有非常重要的启示意义。作为教育者，对所有受教育者都要一视同仁，使之享受平等的教育资源，享有平等的受教育的机会。注重从"德智体美劳"各方面去发掘学生潜力，不能因为主观或者客观原因，在某些学生身上投注时间、精力多，在某些学生身上投注时间、精力少，让"有教无类"思想真正贯彻于教育、教学实践当中。

### （二）教学相长

"教学相长"的思想来源于《礼记·学记》。"故学然后知不足，教然后知困。知不足，然后能自反也；知困，然后能自强也；故曰：教学相长也。"这段话说明了教与学之间可以相得益彰，相互促进。在教学过程中，教师发现自己的不足之处，不断学习，不断提升；同时，学生从教师那里获取知识，越学习越发现自己的不足，然后继续努力，如此形成一个良性循环。韩愈的"弟子不必不如师，师不必贤于弟子"实际上是对教学相长思想的继承和发展，强调了"闻道有先后，术业有专攻"，师生之间应该互相促进，共同学习，共同进步。教学相长作为一种辩证教学思想，在现代教育中仍是一种先进的教育理念。

### （三）学思结合

"学思结合"的思想来源于《论语·为政》。子曰："学而不思则罔，思而不学则殆。"强调了学习与动脑思考相结合的重要性，只学习而不思考就会迷惑，只思考却不学习就会停滞不前。《中庸》进一步发展了学思结合的思想，强调要"博学之，审问之，慎思之，明辨之，笃行之"。孟子更强调思考，《孟子·尽心下》中劝告学生："尽信书则不如无书。"朱熹对孔孟的学思并重主张也有自己的思考并进一步发展，《朱子大全》中说："若读而不思，必不知其意味；思而不读，纵使晓得，终是魭杌不安。"可见，古人对于学思结合非常重视。

学习是前提，思考是习得的知识得以消化、吸收的关键，学习与思考是对立统一的辩证关系。学思结合无论对于古人还是今人，都是一个需要在实践中努力践行的重要的学习方法。

### （四）蒙以养正

"蒙以养正"出自《易经》，意思是对蒙昧无知的幼童进行教育，首先要让他们知道什么是"正"，从童年开始，就施以正确的教育方法，这样才能达到最好的教育效果。《礼记·学记》中说"时过然后学，则勤苦而难成"，邓小平也说过"教育要从娃娃抓起"。其实，这些道理说的就是无论是学习如何为人还是学习专业知识，都要从儿童时期就开始进行启蒙教育，并运用正确的教育方法，一开始就让儿童知道辨别美丑善恶，接受正能量。

### （五）言传身教

"言传身教"出自《后汉书·第五伦传》："以身教者从，以言教者讼"，是中国古代重要的教育原则之一，要求教师在语言和行为上都要做表率，起模范作用。孔子特别注重对学生进行言传身教，他说："其身正，不令而行；起身不正，虽令不从。"为师、为官、为人父母，如果自己言行端正，能作出表率模范，不用强制命令，学生、民众、儿女自然会模仿；如果本身言行不正，即便下了命令，也不会有人去服从遵守。孔子还主张用"无言之教"影响、感召学生。《论语·阳货》中说"予欲无言"，意思是我不打算通过我的言说来带领大家领悟世间的道理了。学生子贡很着急，曰："子如不言，则小子何述焉？"孔子说，天没有说话，但春夏秋冬四时循环往复。它只是让你去自己体会而已。孔子的这番话体现了他"无言之教"影响学生的教育思想。孟母三迁、曾参烹彘等故事，也反映了古人重视身体力行、以身作则的教育思想。

### （六）春风化雨

"春风化雨"出自《孟子·尽心上》，其中孟子谈到的教育方式有 5 种，"有如时雨化之者"就是其中一种，"春风化雨"由此而来。比喻教师教书育人的方式如同适宜万物生长的春风和及时的雨露，润物无声，潜移默化地影响受教者。"春风化雨"的教育方式，启发我们要成为一名成功的教育者，要掌握得当的教育方式，诲人孜孜不倦，让人感觉如沐春风。《论语·子罕》中颜渊对孔子称赞说："夫子循循善诱人，博我以文，约我以礼，欲罢不能。" 可见和蔼可亲、循循善诱的教育方式比严厉的训斥、苛责的批评更能影响、打动受教育者，像甘泉和雨露一样滋润他们的心田。

### （七）因材施教

因材施教的教学思想由孔子开创，后来的历代教育家遵循并将其发扬光大。因材施教是指根据学生自然禀赋的差异，有针对性地采用不同方法对其进行教育，而不是千篇一律进行同样的说教，这样才能发掘学生的潜能，促进学生的全面发展。孔子作为我国古代的大教育家，弟子三千，门下有七十二贤，这与他非常善于因材施教是有密切关系的，因材施教的思想在整部《论语》中有充分体现。首先，他认为要根据学生自身的学业程度、自身资质对其进行不同的指导，提出"中人以上，可以语上也。中人以下，不可以语上也"。其次，孔子认为要关注学生的兴趣爱好对其施教，认为"知之者不如好之者，好之者不如乐之者"，说明了启发学生学习兴趣的重要性，顺应学生的学习兴趣进行教育比刻板的教学效果要好得多。最后，孔子提出要根据学生个人的性格特点（优缺点）有针对性地对其进行引导。《论语·先进》中记载，子路问："闻斯行诸？"子曰："有父兄在，如之何其闻斯行之？"冉有问："闻斯行诸？"子曰："闻斯行之。"公西华曰："由也问闻斯行诸，子曰有父兄在，求也问闻斯行诸，子曰闻斯行之。赤也惑，敢问。"子曰："求也退，故进之；由也兼人，故退之。"同样的问题"凡事一听到就行动吗"，对于不同的人，孔子的回答是不同的。子路为人鲁莽，所以孔子教他行事之前要思虑；而冉求生性懦弱，畏缩不前，所以孔子鼓励他勇敢迈进。孔子结合学生的具体心性脾气来施教，一进一退之间，学生终身受益。孟子也认为"教亦多术矣""有如时雨化之者，有成德者，有达材者，有答问者，有私淑之者"。总之，古代教育家们认为教学方法要因人而异，不能用一个模式去束缚学生，因材施教的教育观念至今仍深得人心。

### （八）温故知新

"温故知新"出自《论语·为政》"温故而知新，可以为师矣"，是孔子所提倡的教学方法之一。《论语·学而》开篇就说"学而时习之，不亦说乎？"这些都是在强调温习已学过的知识的重要性。朱熹进一步发展了孔子的温故知新思想，在《朱子全书》中，他提到："人而不学，则无以知其所当知之理，无以能其所当为之事。学而不习，则虽知其理，能其事，然亦生涩危殆，而不能以自安。习而不时，虽曰习之而其功夫间断，一曝十寒，终不足以成其习之功矣。"朱熹认为如果不学习，就无法获得必需的知识与技能；学习后不随时复习或练习，就无法巩固其所获得的知识。温故知新也是一种持之以恒的精神，时时处处复习，既是复习旧知识，也可以不断探索新知识，在日积月累中不断进步。这就启发我们坚持在反复实践中获取新知，打牢基础方能做到融会贯通。

# 第二节　青少年教育概述

## 一、青少年教育含义

"百年大计，教育为本。"教育关乎国家的发展，关乎民族的未来。2013年4月，习近平总书记在致清华大学苏世民学者项目启动仪式的贺信中强调："教育决定着人类的今天，也决定着人类的未来。人类社会需要通过教育不断培养社会需要的人才，需要通过教育来传授已知、更新旧知、开掘新知、探索未知，从而使人们能够更好地认识世界和改造世界、更好地创造人类的美好未来。"2018年5月2日，在北京大学师生座谈会上习近平总书记强调："教育兴则国家兴，教育强则国家强。"十九大报告明确提出要"优先发展教育事业"，认为建设教育强国是中华民族伟大复兴的基础工程。

"教育"一词来源于《孟子·尽心上》"得天下英才而教育之"。先秦思想家、大教育家孔子非常重视教育，提出治理国家的"庶、富、教"三步论，把教育、人口、财富作为立国的三大要素。他认为知识和道德都是要靠后天的教育和学习培养出来的，教育是形成人与人之间习性禀赋差别的重要原因，因而他说"性相近也，习相远也"，充分肯定了教育的重要作用。1988年版的《教育百科辞典》对教育的解释是：培养人的一种社会活动。有广义和狭义之分。广义的教育指的是一切增进人们的知识、技能，影响人们的思想，增强人们的体质的活动。包括学校教育、家庭教育和社会教育等各方面的教育。狭义的教育单指学校教育，即教育者根据一定社会或一定阶级的要求，对受教育者施加有目的、有计划、有组织的影响，使其掌握一定的知识、技能，形成一定的思想品德，发展智力和体力的活动。教育是人类所特有的社会现象，它随着社会的产生而产生，是新生一代的成长和人类社会发展必不可少的手段，为一切社会所必需，是个永恒的范畴。[①]《教育学名词》（2013）中对"教育"一词也有广义和狭义两种

---

① 张念宏.教育百科辞典[M].北京：中国农业科技出版社，1988：32-33.

解释：广义指一切有目的地影响人的身心发展的社会实践活动。狭义指学校教育，即教育者根据一定的社会要求和受教育者的身心发展规律，有目的、有计划、有组织地对受教育者的身心施加影响，期望受教育者发生预期变化的活动。[①]可见，尽管改革开放以来中国教育事业取得了跨越式的发展，教育水平不断提升，规模不断扩大，教育类型不断增加，但是教育的基本内涵是没有发生变化的。

教育与文化之间存在着不可分割的密切关系。教育是文化的一部分，同时，教育使文化得以传播、传承和弘扬，中华民族几千年的文化与传统通过教育得以绵延不绝、代代相传。本书中对青少年教育的含义采用广义的教育含义，即学校、家庭、社会等各方根据青少年身心发展规律和特点对其施加影响，以期其按照施教者目的发生变化的一种实践活动。以优秀传统文化滋养青少年的心田，才能使他们了解自己祖国的悠久历史，坚定文化自信，传承并发展中华优秀传统文化。

## 二、青少年教育的特殊性

对于青少年，国际、国内都没有明确的、统一的年龄范围界定，国内不同的学科和领域对青少年的定义也不尽相同。生理学认为，青少年期即青春期；心理学认为，青少年期是自我意识与独立个性形成的时期；社会学认为，青少年期是人参与社会化的程度不断加大、社会化进程加剧的一个时期；教育学认为，青少年最大的特点是处于学习、受教育的阶段。本书中，我们主要讨论和研究中华优秀传统文化对于青少年教育的价值与意义，结合教育学与心理学对青少年的界定，本书中我们将青少年的年龄界定为 14 岁～24 岁，即初中阶段到大学阶段。在这一阶段中，青少年通过学校、家庭、社会各种途径接受教育，自我意识逐渐形成，并将种种规范逐步内化于心，外化于行。

青少年时期是人生发展历程中一个十分特殊的阶段。在这一阶段中，不仅人的身体机能发展迅速，处于人生中身体发育的最高峰，更重要的是人的自我意识逐渐增强，通过学习、受教育和社会交往，逐渐形成自己独立的人格，开始逐渐形成自己对世界的认知，对人生的看法与追求。由于青少年这一成长阶段的特殊性，青少年教育也具有特殊性。首先，在这一时期，青少年身心飞速发展，接受、吸收知识的能力增强，理解力快速提升，对事物开始形成自己独到的思考与见解。如果对他们进行正确的引导，帮助他们形成正确的是非、善恶、

---

① 　路甬祥. 教育学名词 [M]. 北京：高等教育出版社，2013：1.

美丑观念，将使其受益终身。其次，这一时期青少年生理的发展是可以察觉的，然而心理发展、人格塑造、世界观、人生观、价值观及理念、信念的形成等都是在这一阶段慢慢积累，并且不断发生变化的一个动态过程。在这个发展过程中，青少年可能会遇到各种各样的困惑、疑问与不解，青少年个性不稳定、意志不坚定，没有形成成熟、稳定的心智，现代社会又处于一个信息爆炸的时代，来自家庭、学校、社会上及网络上各种各样、良莠不齐的信息极易影响青少年的健康发展。如果没有抓住这一特殊时期，对青少年辅之以及时而正确的引导，对青少年的发展是十分不利的，有可能造成青少年性格的缺陷、人格的不完善，甚至使其走向歧路。无论是家庭、学校还是社会，对青少年教育都有潜移默化的重要影响，因此，各方在这个特殊阶段对青少年进行正确的引导和教育显得尤为必要。最后，青少年时期是一个逐步趋向成熟的时期，是独立走向社会生活的准备时期。这个时期青少年的心理特点是敏感、脆弱，不愿意表达情绪或情绪不稳定，极容易出现逆反心理。针对青少年这一特殊时期的心理特点，要采取针对性的教育方法与策略，妥善地进行引导。无论是家长还是教师，都不能采取强硬灌输的教育方式，而是要尊重青少年的主体性，根据个体差异探索其发展规律，以春风化雨、循循善诱的方式扮演引路人的角色，做好这一特殊时期的教育引导工作。

### 三、青少年教育的重要性

当前世界正处在百年未有之大发展、大变革、大调整时期。世界多极化、经济全球化深入发展，科技进步日新月异，人才竞争日趋激烈，而人才的培养关键在于教育。教育是提高国民素质、促进人的全面发展的根本途径，关系着国家未来的发展、国家核心竞争力的提升及中华民族伟大复兴中国梦的实现。而在教育中，青少年教育又是重中之重，因为青少年是国家的未来和民族的希望，是建设祖国各条战线的生力军和后备力量。青少年正处在身心发展、人格完善、价值观塑造、道德规范形成和行为规范养成的学龄教育黄金阶段。青少年教育得好不好，青少年能否健康成长，青少年是否有远大理想和共产主义信念，关系到社会主义现代化事业是否后继有人。

（一）历届党和国家领导人对青少年教育高度重视

党和国家历来高度重视对青少年的教育。1957年毛泽东在莫斯科会见中国留学生时说："世界是你们的，也是我们的，但归根结底是你们的。你们青年人朝气蓬勃,正在兴旺时期,好像早晨八九点钟的太阳。希望寄托在你们身上。"①
邓小平说"我们希望从事教育工作的同志,各个有关部门的同志,整个社会的
家家户户,都来关心青少年思想政治的进步"。②"要努力使我们的青少年成
为有理想、有道德、有知识、有体力的人,使他们立志为人民作贡献,为祖国
作贡献,为人类作贡献,从小养成守纪律、讲礼貌、维护公共利益的良好习惯。"③
江泽民同志在纪念中国共产主义青年团成立 80 周年大会上的讲话中谈到要"加
强对青少年的教育培养,相信和重视青年,关心和爱护青年,推动大批青年人
才不断脱颖而出","要尊重青年的思想和性格特点,尊重青年个性的健康发挥,
促进青年思想和身心的健康发展"。胡锦涛认为:一个有远见的民族,总是把
关注的目光投向青年;一个有远见的政党,总是把青年看作是推动社会前进的
最活跃力量。2003 年胡锦涛在中南海怀仁堂同团中央新一届领导班子成员和团
十五大部分代表座谈时向广大青年提出三点希望:一是要勤于学习;二是要善
于创造;三是要甘于奉献。党的十八大以来,以习近平同志为核心的党中央高
度重视青少年的教育工作。习近平总书记认为青年兴则国家兴,青年强则国家
强。在纪念五四运动 100 周年大会上,他指出:青年是整个社会力量中最积极、
最有生气的力量,国家的希望在青年,民族的未来在青年。把青年一代培养造
就成德智体美劳全面发展的社会主义建设者和接班人,是事关党和国家前途命
运的重大战略任务,是全党的共同政治责任。他还举例说明了自古英雄出少年,
希望新时代中国青年要有家国情怀,也要有人类关怀,发扬中华文化崇尚的四
海一家、天下为公精神,为实现中华民族伟大复兴而奋斗,为推动共建"一带
一路"、推动构建人类命运共同体而努力。

### (二)做好青少年教育工作意义重大

第一,青少年教育成功与否关乎国民素质的提升,关乎社会主义现代化建
设事业的兴衰成败。21 世纪国与国之间的竞争是以经济和科技为实力的综合国
力的竞争,经济和科技的竞争需要人才,而人才的培养靠教育。让青少年都能
获得良好的、公平的教育,着力提高青少年的学习能力、实践能力、创新能力,
适应社会的能力,成为促进社会发展的中坚力量,使我国进入人力资源强国行

---

① 毛泽东.毛泽东在苏联的言论 [M].北京:人民日报出版社,1957:14.

② 中华人民共和国教育部中共中央文献研究室.毛泽东邓小平江泽民论教育 [M].北京:
中央文献出版社,2002:141.

③ 中共中央文献研究室.邓小平同志论坚持四项基本原则反对资产阶级自由化 [M].北京:
人民出版社,1989:73.

列，才能保证在未来国际上激烈的人才竞争中利于不败之地，建成社会主义现代化强国，开创美好未来。

第二，青少年教育成功与否关乎中华民族伟大复兴的中国梦能否实现。对青少年不仅要进行文化知识的教育，更重要的是对其进行品德教育。在青少年中大力弘扬中华优秀传统文化，培育和践行社会主义核心价值观，使中华优秀传统文化的精髓在青少年中得到大力传承和弘扬，让中华优秀传统文化成为中华民族的基因，让"家国情怀、以民为本、以和为贵、自强不息、经世致用"等中华传统文化的基本精神植根在青少年的内心，潜移默化影响他们的思维方式和行为方式，让每一名青少年都自觉地崇德修身、勤学笃实，成为胸怀家国、具有远大理想抱负的人，才能努力在时代的舞台上展现风采、发光发热，为实现中华民族伟大复兴的中国梦贡献青春力量。

第三，加强对青少年中华传统文化的教育工作是做好青少年教育的重要课题。学校作为青少年教育的主要阵地，无论从教育资源的挖掘方面，还是从教育手段的创新和教育目标的实现方面，都应该将中华优秀传统文化作为切入点。中国特色社会主义进入新时代，满足人民对美好生活需求包括满足人民对高水平、高质量的教育需求。面对新时代、新情况，进一步加强对优秀传统文化教育价值和思想价值的挖掘，创新创造传统文化教育方式方法，汲取其中的思想精髓，赋予其新时代内涵，并加强传统文化教育基础与应用研究，使之与新时代中国特色社会主义发展进步相适应，是做好青少年教育的重要课题。

## 四、青少年教育发展历程与经验

### （一）青少年教育发展历程

要了解青少年教育的发展历程，首先要了解中国教育发展的历程。根据广义的教育含义，教育包括学校教育、家庭教育及社会教育等多种类型，但是学校的教育是最系统化的教育，是培养人才最基本、最重要的途径，故本书中讨论和研究的青少年教育发展历程，以学校教育为主要研究对象。

中国的教育历史源远流长，不仅在公元前几世纪就形成了比较完整的教育制度，而且随着教育逐步发展和完善，形成了许多特色与优势，也总结了丰富的教育经验，《礼记·学记》是世界上最早专门论述教育的著作。我国的学校产生于夏朝时期，《孟子·滕文公序》记载："设为庠序学校以教之。庠者，养也；校者，教也。序者，射也。夏曰校，殷曰序，周曰庠，学则三代共之，皆所以明人伦也。"可见，夏朝、商朝、周朝时候已经设立学校教育民众，使人懂得伦常。到西周时期，学校教育日臻完善，已经建立了初步的教学管理制度，以"六艺"即礼、乐、射、御、书、数为主要教学内容。到春秋时期，由于诸侯割据、战乱频仍，官学逐渐衰落，私学慢慢兴起。私学的兴起冲破了西周时期官学等级森严的旧传统，开创了学校教育的新局面，由"学在官府"变为"学在四夷"。教师成为专门的职业，孔子、孟子、墨子、荀子都是这一时期的私学大师；教育对象从贵族扩大到平民，既促进了学术思想的发展与繁荣，同时又培养出了大批人才。到秦朝时期严禁私学，造成了中国古代教育的一次大倒退。到了汉代，学校又是官学、私学并行发展，教学内容以儒家经典为主。汉代的私学发展兴盛，不仅教授自然科学，还非常注重对学生的思想观念、伦理道德进行培养，出现了董仲舒、王充、马融、郑玄等私学大师。魏晋南北朝时期，战乱频繁，学校教育时兴时废，直至隋朝结束割据，实现大一统，我国古代的学校教育再次走向全面繁荣，到唐朝，学校教育达到鼎盛时期，官学是学校教育的主体。官学包括中央官学及地方官学，但是官方同时鼓励私学的发展。教学内容包括儒家经典及专科知识，管理完备，学生数量也非常多。宋代学校教育的一大特色就是集教学、教育与研究于一身的新型学校—书院的兴盛。书院既不同于官学，也不同于私学，教师多是当时有名的学者，招收各类学生，并对学生施以知识与道德并重的教育。辽、金、元的教育制度基本仿照宋制，所不同的是设立民族学校以培养本民族人才为统治者服务。明朝重视学校教育，广设学校。清朝时期尽管积极发展学校教育，仍旧无法改变封建社会末期学校教育的衰败景象。鸦片战争后，洋务派兴办新式学堂，为封建社会的学校教育注入了新的活力。

总体来说，中国古代教育历史久远，制度完备，形成了以儒家经典为教学之本，官学、私学并行发展，互为补充的教育格局。中国古代对青少年的教育以学校教育为主体，适龄阶段学生到学校接受系统的教育，学习知识，涵养道德。例如，唐代中央官学规定，学生从 14 岁～ 19 岁开始入学。这是因为从学习知识来看"时过然后学，则勤学而难成"，从道德教育来看要"养正于蒙"。

新中国成立以来，对青少年的文化教育是伴随着中国共产党对文化建设实践的探索而不断成熟和发展起来的。新中国成立后，青少年的文化教育大体上可以分为 5 个阶段。

第一阶段（1956 年—1978 年）。这一阶段中国共产党围绕"什么是社会主义文化、怎样建设社会主义文化"这一核心问题进行探索，对青少年文化教育也围绕这一问题而展开。党和国家在教育中以"民族的、科学的、大众的"新民主主义文化观为指导，并探索尝试由新民主主义文化向社会主义文化转变。

对待中华传统文化秉持"古为今用"文化教育观念，强调要有扬有弃，取其精华去其糟粕，大力提倡爱国主义、集体主义、社会主义价值观念，开展"五爱"教育，为国家培养大量有社会主义觉悟的、有文化的劳动者。

第二阶段（1978 年—1996 年），从党的十一届三中全会（1978 年）到十四届六中全会（1996 年）是党和国家对社会主义文化建设的探索时期，明确提出要建设社会主义精神文明的任务，这一阶段形成了完整的社会主义精神文明建设理论。对青少年的教育中开展"五讲四美"教育活动，开展爱国主义、集体主义和共产主义教育。中共中央 1994 年 8 月 23 日印发的《爱国主义实施纲要》中明确指出，要进行中华优秀传统文化的教育，中华民族在创造灿烂中华文明的过程中形成的具有强大生命力的传统文化是进行爱国主义教育的宝贵资源。

第三阶段（1997 年—2002 年），社会主义先进文化探索阶段。十四届六中全会到十六大，这是社会主义文化建设全面付诸实践的时期，是文化建设的发展时期。1997 年党的十五大召开，党的十五大报告强调要团结和激励全国各族人民的重要力量，建设有中国特色的社会主义文化，即"发展面向现代化、面向世界、面向未来的，民族的科学的大众的社会主义文化"，"三个面向"成为社会主义文化的基本内涵。党的十六大召开之后，我国的文化建设和文化体制改革全面铺开，取得了一系列理论和实践成果。这一时期对青少年的文化教育中注重知识与个人品格修养相结合，既注重吸收民族优秀传统文化，又注重与世界文明交流互鉴。

第四阶段（2002 年—2012 年），和谐文化探求阶段。2006 年在党的十六届六中全会上通过了《关于构建社会主义和谐社会若干重大问题的决定》，把建设和谐文化作为构建社会主义和谐社会的重大任务之一提了出来，反映了党在新的历史条件下的文化自觉。2006 年 12 月，李长春在全国宣传部长会议上对社会主义核心价值体系作了比较系统的论述，以社会主义核心价值体系为根本推进和谐文化建设，这是我国意识形态工作的一项崭新课题，也是中国共产党关于文化理论的重大创新和发展。在青少年教育中大力进行思想道德建设，深入进行爱国主义、集体主义、社会主义和中华民族精神教育，将培育"四有"新人与中华民族传统美德相承接，切实改进学校德育工作，广泛开展形式多样的精神文明创建活动。

第五阶段（2012 至今），文化自信思想的形成阶段。十八大以来，中国共产党领导人民继续团结拼搏，奋勇向前，在文化建设方面取得了突破性进展。以习近平同志为核心的中央领导集体，高屋建瓴地统揽文化建设全局问题，阐述了文化自信对于中华文化复兴的意义；从"四个自信"的整体关系中强调文化自信是更基础、更广泛、更深厚的力量，深刻论证了文化自信对于中国道路自信的内在支撑性。党的十九届四中全会在文化领域提出要坚持和完善繁荣发展社会主义先进文化的制度，指出"必须坚定文化自信，牢牢把握社会主义先进文化前进方向，激发全民族文化创造活力，更好构筑中国精神、中国价值、中国力量"。与整个社会的文化建设相适应，在青少年教育中也进一步加强和改进思想政治教育工作，大力开展中国梦教育与社会主义核心价值观教育，进一步深化中华优秀传统文化教育。

### （二）青少年教育经验

新中国成立以来，党和国家高度重视对青少年的教育培养工作，特别是改革开放以来，中国教育事业取得了跨越式发展，对青少年培养教育方面，尤其是在思想道德的教育方面积极探索，总结积累了许多宝贵经验。

首先，国家高度重视青少年培养教育工作，着眼长远和战略全局提出教育方针和培养要求。1978 年在全国教育工作会议上的讲话中，邓小平同志提出要大力在青少年中提倡勤奋学习、遵守纪律、热爱劳动、助人为乐、艰苦奋斗、英勇对敌的革命风尚。[1]1980 年在"贯彻调整方针，保证安定团结"的中央工作会议上，邓小平提出要努力使我们的青少年成为有理想、有道德、有知识、有体力的人，使他们立志为人民做贡献、为祖国做贡献、为人类做贡献[2]，随后提出"五讲四美""五爱""有理想、有道德、有文化、有纪律"四有新人等培养目标。进入新世纪，党中央坚持把育人作为教育工作的根本，先后颁发了《关于进一步加强和改进未成年人思想道德建设的若干意见》《爱国主义教育实施纲要》《公民道德建设实施纲要》《关于进一步加强和改进大学生思想政治教育的意见》等，为加强和改进青少年教育工作指明了方向，青少年教育工作取得了新的进展。2019 年 12 月，教育部颁发了《新时代爱国主义教育实施纲要》，其中特别指出要传承和弘扬中华优秀传统文化。对祖国悠久历史、深厚文化的理解和接受，是爱国主义情感培育和发展的重要条件。要引导人们了解中华民族的悠久历史和灿烂文化，从历史中汲取营养和智慧，自觉延续文化基因，增强民族自尊心、自信心和自豪感。

---

① 陈之定，吴景岚.十一届三中全会以来重要教育文献选编 [M].北京：教育科学出版社，1992：12.

② 陈之定，吴景岚.十一届三中全会以来重要教育文献选编 [M].北京：教育科学出版社，1992：71.

其次，将学校作为青少年进行思想教育和品德培养的主渠道和主体力量，强调把德育工作摆在素质教育的首要位置，将其贯穿于教育教学的各个环节。1985 年颁发的《中共中央关于改革学校思想品德和政治理论课程教学的通知》中，从小学教育到研究生教育，都对思想品德和政治理论课提出了具体要求；同时努力将家庭教育、社会教育与学校教育密切配合，共同担当起培育青少年健康成长的任务。如 1987 年《中共中央关于改进和加强高等学校思想政治工作的决定》中指出，全党全社会都应当关心青年学生的健康成长；2004 年颁发的《关于进一步加强和改进未成年人思想道德建设的若干意见》中指出：要重视和发展家庭教育，同时积极营造有利于未成年人思想道德建设的社会氛围。2019 年颁发的《新时代爱国主义教育实施纲要》中指出要聚焦青少年教育，除了要充分发挥课堂教学的主渠道作用外，要用好报刊、广播、影视等大众传媒，发挥社会各行各业先进典型的引领作用，以榜样的力量鼓舞人、创作生产优秀文艺作品，充分发挥社会各界的作用。

最后，在青少年教育中一直以爱国主义、集体主义教育为核心，并在青少年中深入开展马克思主义教育、中华民族优良传统教育和中国革命传统教育，进行中国历史特别是近现代史教育，引导青少年了解历史与民族传统。近年来，历史虚无主义沉渣泛起，否定中华传统文化的价值。对此，习近平强调要从中华民族世世代代形成和积累的优秀传统文化中汲取营养和智慧，延续文化基因，萃取思想精华，大力弘扬以爱国主义为核心的民族精神和以改革创新为核心的时代精神，深入挖掘和阐释中华优秀传统文化"讲仁爱、重民本、守诚信、崇正义、尚和合、求大同"的时代价值，使中华优秀传统文化成为涵养社会主义核心价值观的重要源泉。

# 第三节　中华优秀传统文化教育的价值意蕴

伴随着文化多元化的时代潮流，国家之间由经济、军事等硬实力领域转向了文化软实力的竞争。国家需要民族凝聚力，才能获得更持久的发展，文化成为国与国竞争的重要方式，成为国家综合国力的重要组成部分，提升我国文化软实力迫在眉睫。文化软实力是一个国家或民族基于本国的历史、文化、民族精神而具有的凝聚力，在国际文化交流中产生的吸引力、影响力。中华优秀传统文化在提升国家文化软实力中的作用更是责无旁贷，刻不容缓。2014 年 2 月，习近平总书记在主持十八届中央政治局第十三次集体学习时强调："博大精深的中华优秀传统文化是我们在世界文化激荡中站稳脚跟的根基。"[①] 要把优秀传统文化的思想精华提炼出来，把优秀传统文化中的道德精髓展示出来，用中华传统文化中一切精神财富实现"以文育人"。中国精神是实现民族复兴的强大动力，中华优秀传统文化是我们中华民族的魂魄，是我们国家最深厚的国家文化软实力，是我们坚定文化自信的力量源泉，是我们建设中国特色社会主义的精神力量。

## 一、中华优秀传统文化是中华民族的根与魂

"国民之魂，文以化之；国家之神，文以铸之。"[②] 中华优秀传统文化日益成为中华民族凝聚力与创造力的源泉，是中华民族立于世界的重要支撑，成为中国提升国际地位的必要因素。中华民族有着五千多年的历史，始终屹立于世界民族之林，一定有根可寻。在党的十九大报告中，习近平总书记提到："文化兴国运兴，文化强民族强。"[③] 党中央深刻认识到中华优秀传统文化对建设中国特色社会主义的重要意义，将其作为重要文化资源。习近平同志曾谈到文化对于一个民族的繁荣昌盛的重要意义，"中华优秀传统文化已经成为中华民族的基因，植根在中国人内心，潜移默化影响着中国人的思想方式和行为方式"[④]。从历史维度来看，中华民族最深沉的精神追求就是中华优秀传统文化，锻造了整个中华民族魂有所定、情有所归的精神纽带。中华优秀传统文化是中华民族在历史长河中，逐渐形成了其独特的精神标识，对巩固和维护中华民族的团结统一曾起到非常重要的作用，展现了其文化共识的作用。中华优秀传统文化饱含的丰富的中华民族精神，对于激励中华儿女在维护民族独立、反对外来侵略、推动社会发展进步，促进社会和谐，都曾发挥过至关重要的作用。中华传统文化是我们民族精神的根基，是我们文化建设不可或缺的瑰宝，是实现中华民族伟大复兴的不竭动力。中华优秀传统文化和中华民族伟大复兴是密切

① 　新华社.把培育和弘扬社会主义核心价值观作为凝魂聚气强基固本的基础工程 [N]，人民日报,2014-2-26(1).

② 　本报评论员.文化建设的新起点 [N].人民日报,2006-9-14(1).

③ 　习近平.决胜全面建成小康社会 夺取新时代中国特色社会主义伟大胜利——在中国共产党第十九次全国代表大会上的报告,《中国共产党第十九次全国代表大会文件汇编》[M].北京：人民出版社,2017:33.

④ 　习近平.青年要自觉践行社会主义核心价值观 [N].人民日报,2014-5-5(2).

相连的。中华民族伟大复兴中国梦的种子就是从中华优秀传统文化孕育而成的，弘扬中华优秀传统文化是实现中国梦的必然要求。

习近平总书记指出："中国特色社会主义植根于中华文化沃土、反映中国人民意愿、适应中国和时代发展进步要求，有着深厚历史渊源和广泛现实基础。"① 中华优秀传统文化是中华民族的根脉与灵魂，建设中国特色社会主义伟大事业深厚的文化基础，是推动中华文化走向世界的不竭动力。在中国特色社会主义的探索过程中，我们首先遇到的条件和环境就是中国的现实国情和独特的文化传统，不能完全借鉴"西方模式"，而必须切合中国的现实国情，遵循独特的中华传统优势。中国特色社会主义立足于中华优秀传统文化所形成的历史基础，中国独特的文化、历史、国情，注定了要走中国特色社会主义道路。中华优秀传统文化兼收并蓄、革物鼎新的精神品质为中国特色社会主义发展道路提供了启迪。中国特色社会主义道路的形成就是马克思主义基本原理与中国的具体实际，以及中华优秀传统文化基因相结合的产物。马克思主义与中华优秀传统文化的精神追求高度契合，从而使其在中国落地生根，实现了马克思主义中国化。中国特色社会主义的建设与发展，必须充分考虑中国传统、文化积淀等因素的基础性作用，加强对中华优秀传统文化的阐释，同时对中华优秀传统文化进行创新，为中国特色社会主义建设提供良好的文化环境。

## 二、中华优秀传统文化是中华民族文化自信的力量源泉

文化自信，是一个国家或民族对自身文化的坚定信念。文化越自信，国家才越强大。随着全球化的发展，国与国之间的文化交流日益增多，文化软实力的竞争日益加剧。与此同时，文化霸权主义和文化安全问题日益凸显。习近平总书记深刻认识到建立文化自信的重大意义，他提出："坚定文化自信，是事关国运兴衰、事关文化安全、事关民族精神独立性的大问题。"② 习近平总书记在十九大报告中指出，"中国特色社会主义文化，源自中华民族五千多年文明历史所孕育的中华优秀传统文化，熔铸于党领导人民在革命、建设、改革中

---

① 倪光辉，鞠鹏.胸怀大局把握大势着眼大事 努力把宣传思想工作做得更好 [N].人民日报，2013－8－21(1).

② 习近平.在中国文联十大、中国作协九大开幕式上的讲话 [N].人民日报，2016－12－1(2).

创造的革命文化和社会主义先进文化"[1]。可见，中华民族文化自信的源泉就是，来自中华民族五千多年孕育出的中华传统文化，来自党在革命中孕育出的革命文化，来自党带领群众在社会主义建设过程中孕育出的社会主义先进文化。中华优秀传统文化、革命文化和社会主义先进文化积淀着中华民族的精神追求，代表着中华民族的精神标识。文化自信是基于中华民族在苦难中不断奋勇向前的民族自豪感，展示了中华民族为实现民族复兴之路而不懈奋斗的文化史。文化自信丧失会降低人民的创造力。我们的文化自信源于对我们民族历史和民族传统的自信，来源于在中华文明发展中所孕育出的中华优秀传统文化，也来自在党和人民伟大斗争中孕育的革命文化和社会主义先进文化。革命文化是共产党人带领全中国人民创造的人类历史上的最波澜壮阔的史诗，是整个中华民族最宝贵的精神财富。中国共产党为中国人民谋幸福，为中华民族谋复兴的初心与使命，创造了人类历史上伟大的奇迹，也使我们更加坚信，跟着党走就有希望。中华优秀传统文化具有本源性地位，革命文化和社会主义先进文化是对中华传统文化的创新与发展，激励着全国各族人民奋勇前进，是建设社会主义现代化文化强国、实现中华民族伟大复兴中国梦的力量源泉。中华优秀传统文化是我们的文化根脉，是我们坚定中国特色社会主义道路自信、理论自信、制度自信、文化自信的基础。中国特色社会主义进入新时代，中华优秀传统文化也应适应时代需要，创造性地发展革命文化和社会主义先进文化，共同实现中华民族伟大复兴中国梦。在实现中华民族伟大复兴中国梦的历史进程中，追溯中华文化的源流，可以为中华民族精神家园立根铸魂，可以为中国特色社会主义事业发展凝心聚力。中华优秀传统文化，是我们坚定文化自信的底气，有了这种底气，我们才能得以站稳脚跟，不断推进改革开放和社会主义现代化建设，实现中华民族伟大复兴。

中华优秀传统文化不仅对整个亚洲地区具有较强的影响力，而且在世界范围内也具有非凡的影响力。历史上曾有其他民族入侵中原，国家面临着亡国灭种的危机，但是其他民族的文化最后都被博大精深的中华文化所同化。佛教属于外来文化，产生于古代印度，佛教传入中国后，在与中国文化的融合中得到了创新和发展，形成了具有中国特色的禅宗文化和观音文化。经过长期演化，佛教和中国儒家、道家文化融合发展，形成了独具中国特色的儒释道文化，对

---

[1]　习近平.决胜全面建成小康社会　夺取新时代中国特色社会主义伟大胜利——在中国共产党第十九次全国代表大会上的报告，《中国共产党第十九次全国代表大会文件汇编》[M].北京：人民出版社，2017:33

中国人的宗教、风俗、文学、艺术、哲学都等产生了深刻影响。儒释道的融合发展，把佛教、儒学、道学都提高到了一个新的境界，最后都化为中华民族的本土文化，深深地铸上了中华文化的烙印。这就是中华文化的影响力、向心力、感召力。中华文化之所以有如此强大的力量，根源于其深厚的历史底蕴。中华文化历史悠久，文化有定力、有根脉。勤劳、勇敢的中华民族在发展历程中创造出的文化成果反映了我们中华民族的精神追求，成为我们民族最基础、最强大的文化基因。

世界上所有民族都有自己的传统文化，但不是所有民族都拥有文化自信。文化自信与对传统文化固步自封或抱残守缺不是同一个概念。一个民族拥有文化自信，是由于国民对本民族在历史上创造的辉煌文化和其产生的深远影响拥有自信和底气。中国自古以来就以泱泱大国著称，古代先贤们所创造的灿烂文化为世人所公认，并长期领先于世界。从历史的逻辑来看，中华优秀传统文化和灿烂的文明是中国人拥有文化自信的力量源泉。中华优秀传统文化在人类历史上曾经为人类文明进步、世界文明多元作出过卓越的贡献，承载着中华民族五千年的历史传统，体现了中华民族共同的价值追求，是中华民族生生不息、不断壮大的根脉与灵魂。青少年通过学习、了解中华优秀传统文化，可以在增强对中华优秀传统文化的认同中不断地坚定文化自信。

中华优秀传统文化是中国人几千年生活智慧的积淀，它不仅解决了过去中国的发展和中国人精神生活的问题，对当代中国和世界的发展也有着多方面的价值和启迪，为中华民族文化自信的重塑和提升提供了丰富的养分。[①]坚定文化自信，推动社会主义文化繁荣，是新时代中国特色社会主义思想的重要组成部分。守护不是保守主义，而是在继承的基础上创新，或创新的基础上继承，与时俱进才是守护，才是继承。拥有文化自信的民族，一定是在继承本民族优秀传统文化的基础上坚持不断创新的民族。新中国成立以来，特别是改革开放以来，我们坚持以爱国主义为核心的民族精神，也发展以改革开放为核心的时代精神，不断发展中华优秀传统文化。传统文化的创新性发展，是我们文化自信的重要源泉。坚持文化自信要求我们对自身发展和世界变化保持开阔的心态，把中国的发展置于世界发展的大潮当中。同时，文化自信要体现在我们日常生活中的方方面面，内化于心、外化于行。我们既要有行动的勇气，更要有道德担当，使整个社会充满活力、和谐有序；使国家繁荣兴盛、圆融大气。使我们中华民族的文化自信既基于历史，又立足于当代现实。我们坚定自己的发展方

① 杜芳. 中华优秀传统文化与文化自信［J］. 探索，2017（2）：25.

向，又在文化模式上有自己的独创。这样的中华传统文化能够给中华民族提供正确的人生价值追求，又能够为他国提供文化建设经验，为其他民族提供一种世界性兼而有之的价值观念，从而提升中华文化在世界文化中的价值力量。

正确看待革命文化坚定文化自信。近代以前的中华民族对待中华文化是十分具有自信的。然而，自1840年鸦片战争以后，西方文化随着列强的侵略而进入中国，中华文化的创造力和向心力减弱。国家开始出现文化自信的危机，引发我们"器不如人""文不如人"的自我否定和自我怀疑。例如，宣扬中华传统文化过时了，认为中华传统文化在当代已失去其价值和意义，必须全盘否定、彻底摒弃。直到新中国成立，中国人民的文化自信才开始慢慢回归正轨。今天在影视文学作品中仍然出现改编历史人物，消解红色经典，对英雄人物进行颠覆性评价，甚至诽谤、诋毁、丑化英雄人物等现象。凡此种种，都是在无视文化的继承性，无视传统文化的时代价值，亵渎革命文化。革命文化中蕴含的革命精神永不褪色，革命文化、红色文化应该不断得到弘扬和扩大，红色基因应该一代一代传承下去。毛泽东曾说："革命文化，对于人民大众，是革命的有力武器。"[1]我们可以从革命文化中获取勇气和自信，不断从革命精神中汲取文化自信的力量，尊重革命先辈，尊重英模人物，抵制历史虚无主义和文化虚无主义。加强文化自信，就是为了彻底改变近代中国落后于西方而产生的民族自卑和文化自卑，为国家的全面发展扫除精神层面的障碍，以高度的文化自信带领人民实现伟大复兴的中国梦。当前，坚定文化自信首先就应做到以正确、理想的态度对待西方文化。

在与世界文化碰撞中增强文化自信。我们不仅要对中华文化本身的内涵和价值持有自信，还要对中华文化在世界文明中与其他民族文化产生碰撞的过程中表现出"有容乃大"的自信。坚定中华文化立场，并不代表闭关自守、墨守成规，而是要立足于当代中国，坚持"古为今用、推陈出新"，推动中华文化与时俱进。要契合当下新时代的思想观念、人文精神，既要传承，更要创新。面对当前国际文化安全问题及西方文化霸权主义的影响，更要充分发挥中华优秀传统文化的独特优势，促进中华优秀传统文化的创新发展。习近平总书记指出："要讲清楚中华优秀传统文化的历史渊源、发展脉络、基本走向，讲清楚中华文化的独特创造、价值理念、鲜明特色，增强文化自信和价值观自信。"这种自信就是要靠加强自身的文化建设，这样民族文化自信心与自豪感才会不

---

① 毛泽东.新民主主义论（1940年1月），毛泽东选集（第二卷)[M].北京：人民出版社,1991:708.

断增强。要将中华优秀传统文化资源置于当代世界文化语境下深入挖掘其内涵与价值，积极推动中华优秀传统文化走向世界，传播中国声音，讲述中国故事，彰显中华文明对世界文明发展的有益贡献。

### 三、中华优秀传统文化是建设中国特色社会主义的精神力量

中华文明有着五千多年的历史，是中华民族凝聚人心的理想信念，是中华民族自强不息、发展壮大的强大精神力量。中华文化是海内外中华儿女共同的精神基因，无论生活在哪里，我们的身上都有着鲜明的文化烙印。2012 年 11 月 15 日，习近平总书记会见中外记者时即谈到，"在漫长的历史进程中，中国人民依靠自己的勤劳、勇敢、智慧，开创了各民族和睦共处的美好家园，培育了历久弥新的优秀文化。"[1] 几千年来，中华民族创造了人类历史上唯一从未中断过的文明。在五千多年的发展过程中，中华文化逐渐沉淀下来一套完整的文化传统，其重要原因是我们民族是具有文化认同基础的共同体。有了传统文化的滋养，优秀的中华儿女凭着创造精神、奋斗精神、团结精神，在不屈不挠地抵御自然灾害、抵御外来侵略、维护国家统一中历经苦难而不断突破，取得了一个又一个伟大成就。

当前，我们最重要的使命和任务就是实现"两个一百年"奋斗目标，实现中华民族伟大复兴的中国梦。推动文化繁荣是实现"两个一百年"奋斗目标的重要动力。中国梦是中华民族的梦，必须紧紧依靠人民来实现，需要中华民族的团结和凝聚。中华优秀传统文化凝聚共识，为开启中国梦团结人心。"众人拾柴火焰高"，心往一处想，力才能够往一处使。梁启超曾言："凡一国之能立于世界，必有其国民独具之特质。上自道德、法律，下至风俗、习惯、文学、美术，皆有一种独立之精神。"共同的历史记忆把整个中华民族凝聚在一起，在世世代代每一个中国人的内心打上民族烙印。在历史的长河中所形成的中华优秀传统文化的基本精神成为凝聚十几亿中华儿女力量的强大的黏合剂与精神动力。习近平曾说过，"中国人民在长期奋斗中培育、继承、发展起来的伟大民族精神，为中国发展和人类文明进步提供了强大精神动力"。在 2018 年的十三届全国人大一次会议闭幕式上，习近平总书记将中华民族的伟大精神归纳为伟大创造精神、伟大奋斗精神、伟大团结精神、伟大梦想精神，并做了深刻阐述，在新的时代条件下，我们需要继续大力弘扬这些伟大精神。

---

① 中共中央文献研究室．十八大以来重要文献选编（上）[M]．北京：中央文献出版社，2014:70.

　　中国人民是具有伟大创造精神的人民。习近平总书记说过："今天，中国人民的创造精神正在前所未有地迸发出来，推动我国日新月异向前发展。"① 纵观人类历史，任何国家都是在创造中发展强大，在封闭中走向没落衰亡。中华优秀传统文化中一直蕴含着求变求新的文化精神。《诗经·大雅》曰："文王在上，于昭于天。周虽旧邦，其命维新。"《周易·系辞》有言，"日新之谓盛德，生生之谓易"，"易，穷则变，变则通，通则久"。《礼记·大学》中说："苟日新，日日新，又日新。"这些论述都蕴含着求变、求通、求新的文化精神。习近平总书记十分重视中华优秀传统文化的革新思想，他强调："创新是民族进步的灵魂，是一个国家兴旺发达的不竭源泉，也是中华民族最深沉的民族禀赋。"② 在中国共产党90年的奋斗历程中，在中国优秀传统文化的基础上继续发展创新，培育形成了一系列彰显民族精神、体现时代要求的伟大精神，例如，井冈山精神、长征精神、雷锋精神、改革开放精神等。这些伟大精神是党的巨大精神财富和优势，对于中国特色社会主义的建设和发展发挥了无可替代的重要作用。中华优秀传统文化内含的革新精神与当代改革创新的时代精神高度融合，是推动国家发展、社会进步的不竭动力。中国从大国到强国的飞跃必须加强创新，走出自己的发展道路，勇于变革，永不停滞，为实现中国梦注入强大的精神动力。

　　中国人民是具有伟大奋斗精神的人民，中华民族是具有伟大奋斗精神的民族。今天我们拥有的幸福来之不易，浸透着无数先辈的汗水和蕴含着革命先辈的巨大牺牲，习近平总书记认为："只要13亿多中国人民始终发扬这种伟大奋斗精神，我们就一定能够达到创造人民更加美好生活的宏伟目标。"③ 延安精神是中华民族奋斗精神的代表。延安是举世闻名的革命圣地，从1935年—1948年，中共中央在延安在物质条件十分匮乏的艰苦环境下，领导了抗日战争和解放战争，实现了马克思主义在中国的第一次飞跃，诞生了伟大的毛泽东思想。邓小平回忆在延安的岁月，他这样说道："延安时候我们有什么？物质条

---

① 　习近平.在第十三届全国人民代表大会第一次会议上的讲话[M].北京：人民出版社，2018:3.

② 　中共中央文献研究室.十八大以来重要文献选编（上）[M].北京：中央文献出版社，2014:279.

③ 　全国人民代表大会常务委员会办公厅.中华人民共和国第十三届全国人民代表大会第一次会议文件汇编[M].北京：人民出版社，2018:3.

件很差，就靠精神文明。靠有理想，靠坚强的信念。"①延安孕育了宝贵的延安精神：实事求是的精神是延安精神的精髓，理论联系实际的精神是延安精神的优势，全心全意为人民服务的精神是延安精神的核心，自力更生艰苦创新的精神是延安精神的特质。延安精神既是对我国五千年中华优秀传统文化的继承和发扬，又是对井冈山精神和长征精神的升华，正如习近平所说："延安精神是中华民族优良传统的继承和发展，是我们党的性质和宗旨的集中体现。"坚定理想信念是延安精神的灵魂，更是共产党人矢志不渝的毕生追求，从根本上说，延安精神就是中国共产党人的精神，引导着无产阶级革命者坚持自力更生、艰苦奋斗的精神，使革命力量由小到大、由弱到强，是中国革命和建设社会主义的伟大的精神动力。

中国人民是具有伟大团结精神的人民。习近平总书记说过："中国取得的令世人瞩目的发展成就，更是全国各族人民同心同德、同心同向努力的结果。"②中国传统文化"国家兴亡，匹夫有责"的爱国主义精神，以及忠君爱国的家国情怀，对培养青少年的爱国主义情怀具有深刻的启迪意义。无论条件多么艰苦，环境多么恶劣，中华民族依然创造出灿烂的中华文明，根本原因就在于中国人民始终团结统一，奋勇向前。中华优秀传统文化不仅属于中国，也属于世界；既团结中国人民，也有利于团结世界。中华优秀传统文化不仅为中国改革发展提供智慧和力量，也为解决当代人类发展难题提供智慧和力量。习近平总书记指出："中华优秀传统文化的丰富哲学思想、人文精神、教化思想、道德理念等，可以为人们认识和改造世界提供有益启迪。"弘扬中华优秀传统文化，有利于让其在新时代焕发新的光彩，为推动人类命运共同体建设、创造人类美好未来，贡献中国智慧和力量。

中国人民是具有伟大梦想精神的人民。梦想精神是我们的奋斗目标和精神支柱，是我们不断奋力前行的强大动力。习近平总书记说过："今天，中国人民比历史上任何时期都更接近、更有信心和能力实现中华民族伟大复兴。"③中华民族的梦想精神，在广袤的中华大地上，在历史长河中融入中华民族血脉，成为我们民族的优秀文化基因，成为中华民族克服艰难险阻、砥砺前行的精神

---

① 邓小平.1982年8月10日会见美籍华人科学家邓昌黎、陈树柏、牛满江、葛守仁、聂华桐等时的谈话，邓小平年谱（1975—1997）（下）[M].北京：中央文献出版社,2004:838.

② 全国人民代表大会常务委员会办公厅.中华人民共和国第十三届全国人民代表大会第一次会议文件汇编[M].北京：人民出版社，2018:3.

③ 全国人民代表大会常务委员会办公厅.中华人民共和国第十三届全国人民代表大会第一次会议文件汇编[M].北京：人民出版社，2018:4.

支撑。在中华文化发展的长河中，中华民族延续着强烈的伟大梦想精神。盘古开天、女娲补天、精卫填海、愚公移山等神话故事都表达了我们祖先填海移山的愿望，反映着勤劳的中国人民追求梦想的精神。正因为这样的追求，中国人民对实现小康生活的理念激励着一代代中华儿女奋斗拼搏，一代代传承着伟大的梦想精神，融入了中华民族的血脉，成为中华民族的文化基因，代表着中华民族独特的精神标识，为中华民族历经苦难却不断奋勇向前提供了不懈的精神动力。中国传统文化中的梦想精神是推动中华民族砥砺前行的精神动力。梦想的具体内容会随着历史的变化而改变，但是古代先贤传承下来的精神始终是中华民族砥砺前行的动力。尽管1840年鸦片战争以后，中华民族屡遭欺凌，遭受了巨大的民族危机。但是中国人民百折不挠、坚忍不拔，屡遭磨难的中华民族不但并未泯灭希望，反而激发出实现中华民族复兴的伟大梦想。中国梦凝聚了几代中国人的夙愿，是每一个中华儿女的共同期盼，是激励中华民族走好新时代道路的强大动力。中国特色社会主义进入新时代，我们要继续发扬传统文化中勇于追求梦想的精神，凝聚起共筑中国梦的磅礴伟力，用不懈的努力谱写实现中华民族伟大复兴的壮丽篇章。

# 第四节　中华优秀传统文化与青少年教育的关系

## 一、中华优秀传统文化为青少年道德教育提供重要的启示

中华优秀传统文化中的思想精华和道德精髓可以为青少年道德教育提供重要的启示，可以作为青少年道德教育的重要资源。在新时代，我们对青少年进行道德教育，要坚持马克思主义的道德观和社会主义的道德观，以爱祖国、爱人民、爱劳动、爱科学、爱社会主义为基本要求；以社会主义核心价值观为引领，以集体主义为原则，引导广大青少年筑牢理想信念之基，把个人奋斗的理想融入实现国家富强、民族振兴的伟大理想之中。教育广大青少年"勤学、修德、明辨、笃实"，将来为社会主义现代化建设贡献自己的才智；教育青少年自觉传承中华孝道，感念父母养育之恩、长辈关爱之情，养成孝敬父母、尊敬长辈的良好品质；教育青少年形成好思想、好品行、好习惯，诚实守信，"扣好人生第一粒扣子"；教育青少年讲究文明、保护环境、爱护公物、遵纪守法，

努力做到全面发展。而所有这些都可以从中华优秀传统文化中找到源头，充分发掘文化经典、历史遗存、文物古籍承载的丰厚道德资源，并结合时代要求去继承创新，使之与现代文化、现实教育相融相通，中华优秀传统文化就会成为青少年道德建设的活水之源。

## 二、中华优秀传统文化通过青少年教育得以传承、发展

文化与教育相伴相生，紧密相连。"文化"一词最初产生就是"以文化人"之意。《大学》中说：大学之道，在明明德，在新民，在止于至善。这是教育的目的，即教化人、改变人，同时教育又受文化的影响与制约，没有文化，教育便无从谈起，但是只有优秀的文化才能丰富人的精神世界，影响人、感染人、塑造人、教育人。前人创造、积累的文化通过各种各样的形式传递给后代，而文化是最重要的传递方式之一，如果没有教育，任何文化都难以延续下去。

教育既是文化的重要组成部分，同时通过教育这一手段使文化又得以不断发展，得以代代相传。但是教育不是简单的传递文化，而是有选择地进行传递。对于文化中的糟粕，教育者会进行筛选、过滤，选择优秀文化、进行传递与发展。这种选择表面上看是教育者的选择，实则受到时代发展的影响。文化中符合时代要求的积极进步因素才可能被筛选与保留，并在教育传承中不断被发展。对青少年进行传统文化的教育，就是要筛选传统文化中所蕴藏的智慧、有价值的教育理念与思想内涵，通过教育传递给青少年一代，培养一代代认可中华优秀传统文化、践行中华优秀传统文化的高素质人才，为中华文化进一步发展与创新提供人才保障。通过对青少年进行中华优秀传统文化教育，使传统文化的精华得以传承、发展、创新，从而激活传统文化的生命力。

# 第二章　中华优秀传统文化教育的学理依据

## 第一节　中华优秀传统文化教育理论之维

### 一、马克思主义经典作家关于文化的论述

马克思、恩格斯在《德意志意识形态》中指出："不是意识决定生活，而是生活决定意识。"[①]意识是人们社会物质生活的产物，一定的经济和环境在思想层面起着决定性作用，也由此决定文化的表现形式，因此，精神文化对物质生产具有很强的依赖性。虽然精神文化在一定程度上反映了当时的历史条件和生活方式，但经济和文化的发展并不是完全同步的，马克思在《政治经济学批判（导言）》中对此作了专门论述。同时，马克思认为，世界历史也会影响文化的发展。在世界历史的条件下，文化表现出一定的开放型特征，带给文化广阔的发展空间和发展前景，使文化在世界的范围内联系逐渐加强。中国历史悠久，民族众多，形成了不同地域的风俗习惯和文化传统，这不仅是古人生活和劳动的反映，也是中国发展的文化根基。中国特色社会主义就是根植于中华优秀传统文化的沃土，将马克思主义理论与中国实践相结合，具有深厚的历史基础和理论渊源。中国特色社会主义如果脱离优秀传统文化的滋养，将无法持续发展。加强中国优秀传统文化教育是推进中国特色社会主义发展的有力支撑。

---

[①]　中共中央马克思恩格斯列宁斯大林著作编译局.马克思恩格斯选集（第一卷）[M].北京：人民出版社，2012：152.

在新时代的历史发展进程中，中华传统文化如何立足于中国特色社会主义伟大实践，需要我们运用唯物史观的基本观点去解决实践中出现的新问题、新情况，在实践中去发展中华传统文化。恩格斯认为："政治、法学、哲学、宗教、文学、艺术等的发展是以经济发展为基础的。"[①] 即所有现实生活中的人，首先是从事社会物质生产活动，然后才有法律、文化、宗教。在恩格斯看来，文化的存在和发展受到众多因素的制约，一定的生产力与经济状况，以及人的实践能力都对文化的发展起着重要的作用。但与此同时，文化作为上层建筑，具有相对独立性，对经济和政治的发展具有能动的反作用，会反过来推动其制约因素的发展。从人类历史的发展脉络来看，人类既是物质财富的创造者，也是精神财富的创造者，人类每一次向前迈进都带着文化进步的烙印。因此，必须重视文化对经济、政治、社会和生态等领域建设发展起着的重要支撑和价值引领作用。

俄国十月革命后，列宁对社会主义文化建设进行了积极探索和实践，形成了社会主义"文化观"。1923年，列宁在《论合作社》中明确提出了"文化革命"这一伟大思想，强调要将文化放在突出位置。他也曾指出，社会主义建设的重心应该由政治斗争和夺取政权转移到文化上去，只有实现了文化革命，国家才能成为真正的社会主义国家。在推进国家建设的过程中，列宁的文化思想启示我们，文化与国家的政治、经济紧密相连，必须把文化摆在国家战略位置，而良好的社会文化风气和环境需要全体国民共同参加，只有提高群众的文化水平和思想觉悟，才能更好地建设国家。与此同时，列宁在《怎么办》中肯定了考茨基关于"灌输"的提法，系统地阐述了著名的"灌输"原理。文化具有历史传承性，只有在继承优秀文化成果的基础上，文化的发展才会更加稳固，才会更加具有活力，才会更加先进，从而更好地指导国家建设。列宁批判地吸收了资本主义文化的有益成果，不断推动社会主义文化发展进步。在列宁看来，资本主义文化具有野蛮和虚伪的地方，必须去除，但是资本主义文化发展是与当时的生产力发展水平密切联系的，也需要利用资本主义文化抵制封建主义文化，进而为社会主义文化的发展开辟道路。列宁还认为，文化建设需要长时期才能看到效果，"在文化问题上，急躁冒进是最有害的"。[②] 因此，要充分认识到文化建设是一项复杂而长期的任务。列宁提出批判继承文化遗产理论及"灌输"理论，对我国教育事业产生了巨大影响，为我国教育事业发展奠定了一定的理

---

① 中共中央马克思恩格斯列宁斯大林著作编译局. 马克思恩格斯选集（第四卷）[M]. 北京：人民出版社,2012:649.

② 列宁. 列宁选集（第四卷）[M]. 北京：人民出版社，1995:698.

论基础。在学校教育中，要以中华优秀传统文化对青少年进行潜移默化的品德教育，有效帮助青少年形成良好的言行举止和习惯，让青少年在中华优秀传统文化的浸润下，树立正确的世界观、人生观、价值观。

## 二、中国共产党人对文化建设理论的发展

毛泽东对文化有着非常深入的研究，他认为："一定的文化（当作观念形态的文化）是一定社会的政治和经济的反映，又给予伟大影响和作用于一定社会的政治和经济。"[①] 文化是社会实践的产物，能够反映当时的社会经济环境，并且受到政治经济的影响和制约，但同时文化并不是被动地反映，而是对社会经济发展起着重要的反作用。由此可见，文化与经济是辩证统一的关系，作为上层建筑的中华传统文化，与经济基础是相互影响的，人们的社会生活实践是中华传统文化产生的重要源泉。与此同时，中华传统文化对我国经济具有巨大的反作用，其中优秀部分起积极的促进作用，糟粕部分则具有阻碍作用。

毛泽东在《中国共产党在民族战争中的地位》中提出："从孔夫子到孙中山，我们应当给以总结，承继这一份珍贵的遗产。这对于指导当前的伟大的运动，是有重要的帮助的。"[②] 文化需要在继承中不断发展，也需要根据新的时代环境不断创新，"至于新文化，则是在观念形态上反映新政治和新经济的东西，是替新政治新经济服务的"[③]。新文化的孕育既有历史的沉淀，也有时代的要求，我们应当把民族的、科学的、大众的文化作为中国的新文化。1956年，毛泽东在《论十大关系》中明确提出了"百花齐放、百家争鸣"的文化方针，鼓励多元的文化，促进社会主义文化的整体发展。毛泽东的社会主义文化观是对马克思主义文化观的发展，既坚持了马克思主义文化发展的原则，又为新中国初期的文化建设提供了发展方向，总体上为中国文化的发展起了指导作用。

1978年，中共十一届三中全会确立了解放思想、实事求是的思想路线，为我国文化建设开辟了新的发展环境，促进了我国社会主义文化更好的发展。邓小平曾说："我们要在建设高度物质文明的同时，提高全民族的科学文化水平，

---

①　毛泽东.毛泽东选集(第二卷)[M].北京：人民出版社，1991:663.

②　毛泽东.《中国共产党在民族战争中的地位》.毛泽东选集(第二卷)[M].北京：人民出版社,1991:533.

③　毛泽东.《新民主主义论》（1940年1月）.毛泽东选集(第二卷)[M].北京:人民出版社,1991:695.

发展高尚的丰富多彩的文化生活，建设高度的社会主义精神文明。"[①]在文化建设中，邓小平以精神文明建设为契机深入发掘文化的积极作用。1982 年，党的十二大明确指出了社会主义精神文明建设的重要战略地位，将思想道德建设作为社会主义精神文明建设的重要内容，在此基础上，邓小平提出了"科学技术是第一生产力"的重要观点。邓小平认为，中国要想强大就必须"两手都要抓，两手都要硬"。如果不积极进行精神文明建设，光靠物质文明是不可能走好中华民族强国之路的。邓小平也非常重视对新一代青少年的培养："老一代文艺工作者，在发现和培养青年文艺工作者方面负有重要的责任。青年文艺工作者年富力强，思想敏锐，是我们文艺事业的未来。"[②]为加快我国教育事业的发展，邓小平提出了培养青少年要面向现代、面向世界、面向未来。青少年是继承和弘扬中华优秀传统文化的接班人，是文艺事业的未来，也是祖国的未来。中华优秀传统文化是中华民族前进的内在动力，是我们民族繁衍生息的血脉，也是中华民族发展的强大基因。加强对青少年的中华优秀传统文化教育，引导青少年更加全面地认识中华民族的历史文化，能够让青少年立足中国特色社会主义建设伟大实践，在思想上不断进步，使青少年更加认清中国特色社会主义的历史必然性。

在纪念中国共产党成立 70 周年讲话中，江泽民提出了"中国特色社会主义文化"这一重要概念，并提出一系列要求。江泽民认为："社会主义的优越性不仅表现在经济政治方面，表现在能够创造出高度的物质文明上，而且表现在思想文化方面，表现在能够创造出高度的精神文明上。"[③]我们应当深刻地认识到：中国特色社会主义，不仅在道路上、制度上、理论上具有优越性，中华优秀传统文化拥有深厚的历史价值与时代价值，是我们民族的重要资源，在文化上也具有优越性。党的十五大报告详细阐明了"中国特色社会主义文化"这一概念，并把建设有中国特色社会主义文化纳入了党的基本纲领中。1998 年，江泽民在全国抗洪抢险表彰大会上说："一个民族、一个国家，如果没有自己

---

① 邓小平.《在中国文学艺术工作者第四次代表大会上的祝词》（1979 年 10 月 30 日）. 邓小平文选（第二卷）[M]. 北京：人民出版社,1994:208.

② 邓小平.《在中国文学艺术工作者第四次代表大会上的祝词》（1979 年 10 月 30 日）. 邓小平文选（第二卷）[M]. 北京：人民出版社,1994:212.

③ 江泽民.《发挥我军的政治优势，大力加强军队的精神文明建设》（1993 年 12 月 18 日），社会主义精神文明建设文献选编 [M]. 北京：中央文献出版社,1996:473-474.

的精神支柱，就等于没有灵魂，就会失去凝聚力和生命力。"①1998年特大洪水，全中国20多个省遭受了洪涝灾害，经过中华儿女众志成城、顽强拼搏，抗洪抢险最终取得全面胜利。中华儿女舍生忘死的抗洪抢险精神证明，一个民族只有物质和精神都富有，才能成为一个有凝聚力的民族。"有中国特色社会主义的文化，是凝聚和激励全国各族人民的重要力量，是综合国力的重要标志。"②民族精神是衡量一个国家综合国力的重要标尺，中华民族五千多年汇聚形成的民族精神和民族凝聚力，是我国综合国力的重要组成部分。江泽民先进文化论创造性地把建设中国特色社会主义文化列入党的基本纲领，是马克思主义文化观中国化的深化，更好地将马克思主义文化观与中国国情相结合，指导中国特色社会主义文化的发展。

　　胡锦涛曾这样评价文化对一个国家的重要性："没有先进文化的积极引领，没有人民精神世界的极大丰富，没有全民族创造精神的充分发挥，一个国家、一个民族不可能屹立于世界先进民族之林。"③文化竞争力是国家综合实力的重要体现，当前国与国之间的竞争，除了经济实力之间的较量，文化之间的较量越来越重要。改革开放以后，我国政治、经济、社会都经历着深刻变革，文化赖以生存的社会形态发生了历史性巨变，文化也需要进一步深化发展。文化是国家富强、民族振兴的重要标志，越来越多的国家把文化资源作为重要发展战略，文化的地位和作用越发凸显。由此可见，如果缺乏文化底蕴和根基，中华民族就无法立于世界民族之林。以胡锦涛同志为总书记的党中央，针对文化在综合国力中的地位跃升，结合我国科技实际发展情况提出"科教兴国"的文化战略方针，系统阐释了"科学发展观"这一重大战略思想，推动了中国共产党文化观在文化建设方面的成熟发展。党深刻认识到一个国家在社会发展过程中文化所起的重要作用，提出了要提高国家软实力的战略目标。随着经济全球化深入发展，提高国家软实力已经成为社会主义国家实现现代化的必然要求，也是提高人民生活水平的必要途径。中国文化发展的速度和质量与人民生活息息相关，文化发展需要不断适应人民群众的需求，不断满足群众精神世界发展的要求。因此，中华优秀传统文化需要不断与时俱进，体现时代内涵，促进中

---

①　江泽民.《在全国抗洪抢险总结表彰大会上的讲话》（1998年9月28日），十五大以来重要文献选编（上）[M]. 北京：人民出版社,2000:549.

②　江泽民.《高举邓小平理论伟大旗帜，把建设有中国特色社会主义事业全面推向二十一世纪》（1997年9月12日），江泽民文选（第二卷）[M]. 北京：人民出版社,2006:33.

③　胡锦涛.《在中国文联第八次全国代表大会、中国作协第七次全国代表大会上的讲话》（2006年11月10日），十六大以来重要文献选编（下）[M]. 北京：中央文献出版社,2008:752.

国特色社会主义文化发展。弘扬中华优秀传统文化不仅可以增强我国民族创造力和凝聚力，提升中国的国际影响力，对青少年的教育也是一大助力，既能够不断丰富青少年的精神世界，抵御西方国家资本主义思想对青少年的渗透，还能坚定青少年的理想信念，使其成为社会主义的接班人和建设者。

党的十八大以来，面对新时代的挑战，以习近平为代表的中国共产党人创造性地提出了"文化自信"的伟大命题。习近平总书记的重要讲话为中华优秀传统文化的传承与发展指明了道路和方向，特别是其中的引经据典，向世界各国人民共同展现了中华传统文化的博大精深。2013 年 11 月 26 日，习近平总书记在山东考察时讲道："一个国家、一个民族的强盛，总是以文化兴盛为支撑的，中华民族伟大复兴需要以中华文化发展繁荣为条件。"① 中华优秀传统文化承载着中华民族五千多年的文明，其蕴含的人文精神、哲学思想和教化方法，都是中华民族不断发展强大的内在精神动力，是中华民族生生不息的血脉。中国的强国之路必须传承中华优秀传统文化，为中华民族伟大复兴的中国梦提供精神动力。面对新时代意识形态和文化价值观竞争的新情况，中共中央办公厅在《关于实施中华优秀传统文化传承发展工程的意见》中指出："中华优秀传统文化要贯穿国民教育始终。围绕立德树人根本任务，把中华优秀传统文化全方位融入思想道德教育、文化知识教育、艺术体育教育、社会实践教育各环节，贯穿于启蒙教育、基础教育、职业教育、高等教育、继续教育各领域，推动高校开设中华优秀传统文化必修课，在哲学社会科学及相关学科专业和课程中增加中华优秀传统文化的内容。"② 中华传统文化有着独一无二的理念和智慧，要把中华优秀传统文化的精髓融入教育的各个环节中，贯穿于我国教育的始终。2014 年 10 月 15 日，习近平总书记在文艺工作座谈会上指出："中华优秀传统文化是中华民族的精神命脉，是涵养社会主义核心价值观的重要源泉，也是我们在世界文化激荡中站稳脚跟的坚实根基。"③ 中华优秀传统文化为建设中国特色社会主义事业提供了丰厚的沃土，也是我们进一步增强文化自觉与自信的源泉。中国梦凝聚了中华儿女的共同夙愿，彰显了我们民族共同的精神追求，新时代最大的目标就是实现中国梦，而完成这个目标必须要与弘扬中华优秀传

---

① 谢环驰. 认真贯彻党的十八届三中全会精神 汇聚起全面深化改革的强大正能量 [N]. 人民日报, 2013−11−29(1).

② [2017−1−25] 中共中央办公厅 国务院办公厅: http://www.gov.cn/zhengce/2017−01/25/content_5163472.htm.

③ 庞兴雷. 坚持以人民为中心的创作导向 创作更多无愧于时代的优秀作品 [N]. 人民日报, 2014−10−16(1).

统文化结合起来，打牢中国梦的文化根基，只有这样，从中华文化中孕育而出的中国梦种子，才会持续生根发芽，茁壮生长。

# 第二节　国内外学者关于传统文化教育的理论与实践

## 一、国内学者关于传统文化教育的相关理论

季羡林先生是学贯中西、博通古今的国学大师，其对传统文化的思考，以及关于传统文化教育的一些观点和看法对我们今天的教育具有重要的指导意义。季羡林先生的思想是中华传统文化与现代文学的融合，也是中西方文化交流融合的结晶。他的文章不仅受中国古代文艺的影响，同时也受到西方散文的影响。中国传统文化内容丰富，成就辉煌，千百年来诞生了数之不尽的优秀文艺作品，如诗歌、散文、小说、戏曲等。博大精深的中华传统文化影响了一代又一代文人，季羡林先生也不例外。季先生认为：虽然不同的民族有着不同的地域文化，有着不同的表现形式，但共同构成了中国文化这一文化共同体。中华文化的方式是综合，是"天人合一"，重视人的顶天立地，也重视人的社会关系和自然关系，要用宽阔的心胸去看待世间万物。近代著名哲学家、教育家冯友兰曾说："中华民族的古老文化虽然已经过去了，但它也是将来中国新文化的一个来源，这不仅是过去的终点，也是将来的起点。"冯友兰勤奋地钻研学问，埋首著书，潜心整理中国传统文化，被称誉为"现代新儒家"。在中国革命困难时期，冯友兰始终坚信：有着五千多年深厚文明基础的中华民族绝不会灭亡，困厄只是暂时的，很快就会过去，待革命战争胜利之后，就是中华民族及其文化复兴之时。冯友兰正是凭借中华民族的坚定信念，根据中华传统文化元素，构成了一个完整的"新理学"哲学思想体系。冯友兰先生还著有《中国哲学史》《中国哲学简史》《中国哲学史新编》等著作，成为20世纪中国传统文化的重要经典，对中国和世界文化界影响深远。

当代学者王树荫认为：思想政治教育是社会主义精神文明建设的重要内容，渗透在社会主义精神文明建设的各个方面，社会主义精神文明建设理论对思想政治教育具有重要意义，应当总结和利用中国共产党在革命中的实践经验，加强对青少年的思想政治教育。石书臣在《中国优秀传统文化与现代德育的内在

联系》中研究了中国优秀传统文化与现代教育之间的相辅相成关系，并阐述了中国优秀传统文化的重要性。林崇德强调："传承中华优秀传统文化，突出人才培养的民族底色。"[①] 李宗桂则辨析了中国文化与中国传统文化的关系，对中华优秀传统文化的内涵进行了深入探讨，他认为："所谓中国优秀传统文化，是指中国传统文化的精华所在、精神所在、气魄所在，是体现民族精神的价值内涵。"[②] 王泽应对中华优秀传统文化与社会主义核心价值观的关系进行了深入探讨，他认为："中华优秀传统文化不仅是社会主义核心价值观的肥沃土壤、思想资源和源头活水，而且也蕴含着社会主义核心价值观的精神要素。社会主义核心价值观是中华优秀传统文化的创造性转化和超越性升华。"[③] 郭建宁探讨了文化自信对当代中国的重要作用，分析了"文化自信与民族精神，文化自信与马克思主义中国化，文化自信与中国特色社会主义的关系。"[④] 裴植、程美东分析了中国共产党成立90多年来，历代领导人对中华传统文化的创新发展，他们认为："毛泽东对'实事求是'的新诠释、邓小平对'小康'意涵的新阐发、江泽民对'与时偕行'的时代化改造和胡锦涛对'以人为本'的思想升华无疑都是中国传统文化古为今用、推陈出新的成功探索，而习近平所作出的'创造性转化和创新性发展'的精辟论断，则堪称中国共产党人关于弘扬和传承中国传统文化的最新、最重大的思维成果和带有根本性的方法论指导。"[⑤] 涂畅分析了学校德育低效的表现与成因，阐述了儒家道德文化在德育上与学校教育的契合点。除此之外，还有学者探讨了中华传统文化的内涵、重大意义，以及文化自信和民族复兴的关系、与社会主义核心价值观的关系，传统文化创造性转化路径等。

## 二、国外关于文化教育的实践

新加坡是多种族、多文化的国家，经济全球化的趋势给新加坡社会带来西

---

① 林崇德. 构建中国化的学生发展核心素养 [J]. 北京师范大学学报 ( 社会科学版 ),2017(01):66-73.

② 李宗桂. 试论中国优秀传统文化的内涵 [J]. 学术研究 ,2013(11):35-39.

③ 王泽应. 论承继中华优秀传统文化与践行社会主义核心价值观 [J]. 伦理学研究 ,2015(01):6-10.

④ 郭建宁. 文化自信与当代中国 [J]. 北京大学学报 ( 哲学社会科学版 ),2018,55(02):57-61.

⑤ 裴植,程美东. 中国共产党历代领导人对中国传统文化的古为今用、推陈出新 [J]. 毛泽东邓小平理论研究 ,2015(04):62-66.

化倾向严重的问题，因此，新加坡进行了一次自上而下的中华传统文化教育。新加坡中华传统文化教育的方法主要有：与法制教育相结合；社区活动、华人社团活动；社会大众传媒的传播等。新加坡通过中华传统文化教育，强化了公民对国家的认同，保证了家庭结构的稳定，同时有助于新加坡建立廉洁政府。新加坡的实践对中华传统文化教育具有以下几个启示：第一，高度重视中华传统文化教育的地位，政府全力推进传统文化教育的发展。第二，不断完善中华传统文化的相关法规，将传统文化渗透到其他人文学科。第三，创新中华传统文化教育内容。第四，加强中华传统文化教材、教育资源、经费等投入。第五，加强对大众传媒的管理。[①]

　　韩国文化软实力建设的成功经验也同样值得我国借鉴。自 20 世纪 60 年代开始，韩国就注重对本土传统文化的保护，主要通过法律法规来保存传统文化的精神内涵，促使传统文化发挥促进国家经济发展的作用，从而创造出"韩国模式"。1962 年，韩国《文化财保护法》出台，将文化遗产划分为有形文化财、无形文化财、纪念物及民俗资料 4 个部分，并在保护目的、保护理念、保护规则、保障制度和保护意义等方面对韩国的文化遗产保护做了详细规定。同时建立了以"文化财委员会"为核心的有效管理体系。[②]韩国政府对国家遗产保护给予了非常大的物资资助，同时根据文化遗产的珍贵程度和影响力，对各文化遗产进行编号，便于管理。此外，韩国在文化遗产保护中还专门设立了"人类活的珍宝制度"，建立传承人命名制度，明确了"重要文化财产保有者"的职责和义务等，取得了重大成效。韩国通过完善的管理，使传统文化的技能、民间技艺、民间工艺制作等更好地传承和发展，这一点非常值得我国借鉴。

　　日本在发展经济的同时，推行文化立国的发展方略，对传统文化的保护得到世界上众多国家的认可和称赞，非常值得我国学习和借鉴。2006 年，日本修订了《教育基本法》，确立了传统文化教育在法律中的地位，同时在教育目标中增加了传统文化教育的内容。颁布这部法律后，日本学校在多门学科中充实了传统文化的相关内容，各个学校积极开展传统文化课程的开发，从课程标准、课程内容、教学计划、课程评价、教师培养等方面给予指导，全面而系统地推

---

① 谭俊英.新时期中国和新加坡中华传统文化教育的比较研究 [D].广东：广东外语外贸大学,2017.

② 廖远琦,郑钰潇,朴光海.韩国传统文化保护与发展的制度实践 [J].中华手工,2018(10):50−51.

行传统文化教育。① 这对于中华传统文化教育的课程开发和教育实践具有重要启示。此外，日本还颁布了《文化保护法》《文化勋章令》《文化功劳者年金法》《日本艺术院令》等表彰法令。② 除法律规定外，日本对传统文化的保护和教育还表现在日常生活中，例如，对传统节日的重视和推广，让青少年亲密接触各种民俗纪念活动，以各种古色古香的茶道馆、花道馆和随处可见的传统风格住宅对青少年进行文化熏陶等。私人也可以对文化进行保护和管理，保护形式多种多样。

美国非常注重对本国青少年的历史文化教育和爱国主义教育，强调培养"责任公民"，以把学生培养成对美国有强烈忠诚感、对国家尽到责任与义务的人为目标。课堂讲授是美国进行青少年传统文化教育的基本方法，通过教师讲授哲学、伦理学、文明史等文化课程，以及问题讨论式的教学方法，对青少年进行文化道德的教育，从而加强青少年资产阶级价值观的培养。此外，美国十分重视大众传媒对青少年文化教育的影响，通过博物馆、历史遗迹、纪念馆对青少年进行爱国主义培养。例如，投入重金对华盛顿纪念堂、杰佛逊纪念堂、林肯纪念堂等历史文化场所进行建设，保存美国的历史文化和精神文明。此外，美国认为新闻媒体掌握着价值观的导控权，因此十分注重利用新闻媒体，将其作为宣扬美国文化价值观的重要途径，以提升美国文化对青少年的宣传和灌输效果。

德国非常注重培养青少年的德意志民族精神，其表现在对德国的热爱、强烈的民族自尊心和为信念执着追求等方面。主要采用课堂"灌输"方法对青少年进行传统文化的课堂教学，在历史课、地理课、德语课的教学中，注重让青少年学习德国历史上的民族英雄，深化青少年对民族优良文化传统的认识及加强对国家的自豪感，培养愿意为国家献身的牺牲精神。德国在学校还开设宗教课，用宗教信仰陶冶青少年的情操，注重启发青少年的宗教道德，了解本国历史文化等。

英国对青少年传统文化教育已经形成了一套比较成熟的教育机制，主要靠渗透式的教育方法，潜移默化地进行教育。英国的传统文化教育离不开宗教色彩，英国将传统文化和价值观通过宗教活动或者人文社会科学等方法融入青少

---

① 洪静怡.日本传统文化教育研究 [D].上海：华东师范大学,2015.

② 王志华.日本政府对传统文化保护的相关措施及其对中国的启示 [C].吉林省行政管理学会.吉林省行政管理学会"政府法制与行政管理"理论研讨会论文集（行政与法）.吉林省行政管理学会：吉林省行政管理学会,2012:32-34.

年的教育中。通过宗教教育帮助学生理解本国宗教和文化，同时也让青少年了解社会文化的多样性，确立个人的价值观。为了弥补传统文化教育在课堂教学中的不足，英国还增加了形式多样、风格迥异的课外活动，如展览会、演讲会等，通过这些活动，使英国学生更加了解本国历史，同时提高了学生价值判断的能力。

# 第三章　青少年中华优秀传统文化教育的现实考察

## 第一节　在青少年中开展中华优秀传统文化教育取得的成绩

改革开放以来，尤其是党的十八大以来，以习近平为首的党中央高度重视对中华优秀传统文化的教育、继承与发展。习近平总书记围绕传承和弘扬中华优秀传统文化发表了一系列重要论述，他强调，中华优秀传统文化是中华民族的突出优势，是我们在世界文化激荡中站稳脚跟的根基。优秀传统文化是一个国家、一个民族传承和发展的根本，如果丢掉了，就割断了精神命脉。要坚持马克思主义的方法，坚持古为今用、推陈出新，有鉴别地加以对待，有扬弃地予以继承。既不能片面地讲厚古薄今，也不能片面地讲厚今薄古，而是要本着科学的态度，继承和弘扬中华优秀传统文化，努力用中华民族创造的一切精神财富来以文化人、以文育人。[①] 通过长期不懈努力，学校在青少年中开展中华优秀传统文化教育取得了一定的成绩。

---

① 中共中央宣传部.习近平新时代中国特色社会主义思想学习纲要[M].北京:学习出版社,
人民出版社，2019：146–147.

## 一、在课堂教育方面青少年中华优秀传统文化教育取得的成绩

在课程教育方面，不断推进中华优秀传统文化进教材、进课堂、进头脑。各类学校都积极分阶段、有秩序地推进中华优秀传统文化教育，把中华优秀传统文化教育系统融入课程和教材体系。

首先，在国家层面，以课堂教学为基础，将中华优秀传统文化内容充分融入教材与课程体系，在教材编写、课标修订和课程开发中全面体现中华优秀传统文化内容。国家发布了《中国传统文化（第二版）》《新编中国传统文化》《中国传统文化通论》等高职、应用本科院校公共基础课规划教材。在基础教育阶段，鼓励学校除开设音乐、美术等课程外，还开设传统戏曲、戏剧、舞蹈、影视等教学模块，满足学生多方面需求，加深对中华优秀文化的体验，并开展"非遗进校园"工作。在高等教育阶段，要求高校依托本校相关学科优势和当地教育资源优势，不断强化学生的文化主体意识和文化创新意识。此外，还组织高校专家学者深入阐释中华优秀传统文化的当代价值，形成高水平、标志性的研究成果，推动传统文化创造性转化和创新性发展。在教育部哲学社会科学研究项目中，鼓励专家学者申报传统文化研究项目，加大对传统文化相关研究的资助力度，促进传统文化研究整体水平不断提高。

其次，各地方、各学校认真落实国家有关传承中华优秀传统文化的精神，在学校教育中积极开设中华优秀传统文化相关课程。例如，北京市第三十五职工学校开发中国花道、茶道、棋道、国画、书法、金石篆刻等课程，让学生们在课程中感悟学习优秀的中华传统文化；河南省中小学从 2017 年秋季开始，把中华优秀传统文化教育作为必修课列入课程计划。山东省高度重视大学生传统文化教育，山东省本科层次高校普遍在必修课和选修课中开设了优秀传统文化相关课程，并设置了相应学分，学生选修传统文化课程的积极性非常高。例如，山东师范大学开设了"孔子与论语""中国传统文化""'四书'与修身智慧"等各类必修、选修传统文化课程近百门；山东建筑大学开设的"中国建筑史"、山东中医药大学开设的"中医名著导读"、山东农业大学开设的"茶文化"等一批传统文化课程紧密结合学校专业特色也受到学生的广泛欢迎。

北京师范大学打造文化类通识课程，专门设置"经典研读与文化传承"模块，并开设中华优秀传统文化课程。充分发掘院系专业课程育人资源，倡导人文社会科学院系开设经典选读课程，开放相关专业课程供全校学生选修。推出创新文化类慕课课程，如"中国哲学""儒家经典文献导读""中国传世名画鉴赏"等，构建线上文化育人模式。

四川大学从 2004 年开始就面向全校开设"中华文化课"，2005 年成为必修课。课程以"导读大纲"为经、"经典选读"为纬，按照文学篇、历史篇、哲学篇组织教学内容。此外，还开设了"中国诗歌艺术""四川大学校史文化"等几十门传统文化教育公共选修课，创建"人文大讲堂""人文讲坛""尊经论坛"等平台，定期邀请校内外名家名师举办传统文化学术讲座，构建起"必修课＋选修课＋讲堂讲坛"的中华传统文化课堂教学体系。

## 二、在文化实践方面青少年中华优秀传统文化教育取得的成绩

不断丰富中华优秀传统文化的教育形式，通过多种多样的实践活动在青少年中传播中华优秀传统文化，让青少年在实践中感受中华传统文化的魅力。教育部从 2006 年起，持续推进举办高雅艺术进校园活动，坚持把中华优秀传统文化进校园融入活动全过程。坚持每三年举办一届全国大学生和中小学生艺术展演活动，坚持面向全体学生，坚持育人为本，积极弘扬中华优秀传统文化。从 2014 年起，联合光明日报社每年在全国高校中组织开展"礼敬中华优秀传统文化"系列活动，充分发挥高校在传承和弘扬中华优秀传统文化中的独特作用。从 2017 年起，在春节、清明、端午和中秋 4 个传统节日，以及儿童节、建党节、教师节、国庆节 4 个节日，在全国大中小学组织开展"传承的力量"学校体育美育传承弘扬中华优秀传统文化系列活动。同时，会同中央文明办研究制订高校文明校园标准及测评细则，将中华优秀传统文化和文明礼仪教育纳入测评指标。

各地、各类学校也在实践中纷纷探索自己独特的文化育人方式。上海中学生开展了"我爱汉字美"咬文嚼字活动，考查参加学生对汉字的掌握理解程度和实际应用水平；云南省大理市组织全市中小学开展读一本道德典籍、诵一段中华经典、建一个德育读书室的"三个一"活动；天津市中小学每年开展"传统文化教育月"。北京师范大学举办中华经典诗词诵读吟唱比赛、北京大学生古琴音乐会、中国剪纸传统与创新艺术邀请展等品牌活动，丰富校园文化传播平台。四川大学大力培育传统文化学生社团，成立了皮影协会、戏曲社、京剧研习社、古筝协会等几十个与传统文化相关的学生社团，传播并发扬优秀传统文化。东华大学开展寻访遗产传承人、民间传统艺术家等文化活动，将黄梅戏、太极拳、羌笛、蒙古长调等中华优秀传统文化带进校园，开展"追寻沪剧经典、传承上海戏曲"实践项目，深入挖掘沪语、沪剧所蕴含的文化内涵，通过学唱沪剧、体验沪剧文化，使学生感受传统文化魅力。

# 第二节　在青少年中开展中华优秀传统文化教育的经验

## 一、强化顶层设计，推动中华优秀传统文化教育长效发展

党和国家高度重视中华优秀传统文化教育工作，把创新推动传统文化教育作为落实立德树人根本任务的重要抓手，强化顶层设计，不断推动中华优秀传统文化教育的长效发展。教育部先后出台了一系列政策文件，不断加强对中华优秀传统文化教育的统筹推动，始终将传承发展、宣传普及中华优秀传统文化作为学校教育教学工作的重要组成部分。2004年，教育部与中宣部联合发布《中小学开展弘扬和培育民族精神教育实施纲要》，要求在中小学阶段加强民族优秀传统文化教育。2008年，印发《教育部办公厅关于开展京剧进中小学课堂试点工作的通知》，通过传统文化教育，传承和弘扬中华民族优秀文化；与文化部、全国青少年校外教育工作联席会议办公室联合印发《关于在未成年人校外活动场所开展非物质文化遗产传承教育活动的通知》，让未成年人感受中华优秀传统文化的价值和魅力。2010年，印发《教育部办公厅关于在中小学开展创建中华优秀文化艺术传承学校活动的通知》，要求在全国中小学范围内创建一批中华优秀文化艺术传承学校，传承优秀民族文化，弘扬民族精神。2014年，印发《教育部关于培育和践行社会主义核心价值观 进一步加强中小学德育工作的意见》，强调要加强中华优秀传统文化教育，引导学生增强文化自信；印发《完善中华优秀传统文化教育指导纲要》，以推进大中小学中华优秀传统文化教育一体化为重点，分学段有序推进中华优秀传统文化教育。2016年，印发《教育部等九部门关于进一步推进社区教育发展的意见》，明确提出充分发挥社区教育在传承中华优秀传统文化方面的作用。2017年，印发《中小学综合实践活动课程指导纲要》，让学生通过亲历感悟、实践体验、行动反思等方式，深入理解并践行中华优秀传统文化思想理念；根据中共中央办公厅、国务院办公厅印发《关于实施中华优秀传统文化传承发展工程的意见》《中小学德育工作指南》，将中华优秀传统文化教育作为重要内容，教育引导学生传承发展中华优秀传统文化，增强文化自觉和文化自信；与文化部等3部委联合印发《关于新

形势下加强戏曲教育工作的意见》；与中宣部等 4 部委联合印发《关于戏曲进校园的实施意见》，明确了推进戏曲进校园工作的具体思路和工作部署。2019年，印发《中小学加强和改进中华优秀传统文化教育工作方案》，从课程、教材建设、实践体验活动、考试评价、师资队伍建设等各个方面提出多项任务，加大各级教育行政、教科研等部门和学校的工作力度，强化中华优秀传统文化教育。

在国家的大力支持下，全国各地掀起了弘扬中华优秀传统文化的新热潮。《中国汉字听写大会》《中国诗词大会》等各类传统文化相关的电视节目带领人们领略古人的智慧，从传统文化中汲取营养，涵养心灵；新闻媒体单位积极宣传各社区、各单位传承弘扬中华优秀传统文化新进展、新典型、新成果，弘扬传统文化和传统美德活动成为一种社会风尚；全国各地大中小学校以传承弘扬中华优秀传统文化为切入点，从课堂教学、学科建设和校园文化等各个方面，加强对青少年传统文化的教育，提升学生文化素养。

## 二、着力拓宽教育渠道，盘活中华优秀传统文化教育全局

中华优秀传统文化博大精深，蕴含丰富的、体系化的德育价值，如何使传统文化的德育价值很好地融入到青少年日常学习和生活中去，达到"人伦日用"的德育目的，是传统文化教育重点考虑的问题。回顾党和国家中华优秀传统文化教育的历程，党和国家着力拓宽教育渠道，将传统文化融入青少年日常教育和生活的点点滴滴中，来盘活中华优秀传统文化教育的全局。

从 2010 年起，教育部分两批在全国建设了上千所中小学中华优秀文化艺术传承学校，联合文化部积极推进建设非遗传承实践基地、教学基地。从 2013 年起，在全国建设了 100 多个农村学校艺术教育实验县。2015 年，联合文化部启动实施中国非物质文化遗产传承人群研修研习培训计划。从 2016 年起，在清华大学等 20 余所高校建设了一批中华优秀文化艺术传承基地；在全国中小学设立农村学生艺术实践工作坊项目，积极引导农村地区学生传承中华优秀传统文化。在全球 100 个国家和地区建立了孔子学院和孔子课堂，积极开展汉语教学，举办丰富多彩的文化交流活动，为推动中华优秀传统文化海外传播发挥了重要作用。

## 三、加强师资队伍建设，抓住中华优秀传统文化教育的关键

教书育人，是教师的职责所在。教育教学质量如何直接关系到人才培养的

质量。为此，要首先使教育者接受教育，教师要既为经师、又为人师，这是教育取得实效的关键所在。在青少年中传承和发扬中华优秀传统文化，需要培养和造就一批优秀教师，真正承担起中华优秀文化传播者的使命。教师力量的强与弱直接关系到教育效果的好与差。2011 年，教育部启动实施"国培计划——中小学经典诵读教育骨干教师培训"，加强对骨干教师进行专项培训。从 2014 年起，"国培计划——示范性项目"中专设"优秀传统文化教育骨干教师培训项目"，近几年，已经培育了上千名传统文化骨干教师。积极遴选中华优秀传统文化研究人才，培养造就一批优秀传统文化教学名师，充分发挥教师在课堂教学、言传身教的主导与示范作用，使他们成为传播中华优秀传统文化的引领者。

## 四、打造线上线下育人平台，推动中华优秀传统文化教育创新发展

### （一）打造线上传统文化育人平台

网络、微博、微信等新媒体形象生动，易于被当代青少年接受，是开展传统文化育人的有效平台。华中师范大学在学校主页设立了"弘扬优秀传统文化，传承中华优秀美德"专栏，展示传统、弘扬优秀传统文化的相关作品与项目；西南石油大学设了"青听""蜂鸣"大学生网络文化工作室等一批学生网络思想政治教育新媒体平台，广泛开展线上文化教育活动；大连理工大学举办在线传统文化展览，既覆盖了广泛的青年学生群体参加活动，又拓展了优秀传统文化的传播渠道。

### （二）打造校园文化景观

国内很多高校有着悠久的历史与深厚的文化积淀，充分利用校内的文化景观，让传统文化融入校园文化环境中，潜移默化地对学生进行优秀传统文化教育也是一个有效的教育手段。例如，四川大学突出环境载体，把校史展览馆、博物馆、自然博物馆、美术馆、医学展览馆、中国口腔医学博物馆、江姐纪念馆和历史文化长廊打造为传统文化教育基地；东北大学创新校园景观的文化表达，建立校史馆、张学良业绩展等爱国主义教育基地及一·二九运动群雕、张学良铜像等校园文化景观；浙江大学运用多种载体铸就与弘扬"求是文化"，大力建设并充分挖掘求是书院文化群、校史馆、竺可桢纪念馆、西迁纪念碑亭等校园景观的道德潜化育人功能。

## 第三节 青少年中华优秀传统文化教育的不足与省思

伴随着市场经济的不断发展，全球化进程与社会信息化进程的加快，不同民族、不同国别的文化互相碰撞与交流不断增多。文化的交流、观念的碰撞、思想的渗透、价值的多样化使得中国思想文化领域异彩纷呈，呈现出文化多元化的发展趋势。国外的文化观念、生活方式、价值理念以各种方式呈现在人们面前，东方文化与西方文化共存，传统文化与现代文化并立，当代青少年虽生活在象牙塔中，不可避免地要受到各种文化碰撞的影响。在《当代中国青年文化研究》中，学者陆玉林认为，尽管大众传媒高度发达，中西交流日益频繁，但是从整体上看，青年对传统文化在当代中国社会中的作用仍持肯定态度。"调查显示：39.3% 的青年认为传统文化对当代中国'很重要，需要大力弘扬'；48% 的青年认为'重要，能够起到积极作用'。认为'不重要'的和'很不重要的'只占受调查者的4.1%，而认为'只有消极作用'的仅有1.3%。"[①] 书中认为，尽管如此，青少年对传统文化知识的了解都是一些非常基本的常识，对传统文化知识的积累与传统道德的了解还远远不够。青年对传统文化在当代中国社会中的作用持肯定态度可能与中国经济、社会的快速发展及党和国家大力倡导传统文化有关。[②] 我们应该看到，尽管在青少年传统文化教育工作中取得了一定的成绩，也积累了一些经验，但是还有很多地方需要进一步加强和提升。

### 一、在青少年中开展中华优秀传统文化教育的不足之处

#### （一）传统文化育人资源和内核挖掘不足

党的十八大以来，国内学术理论界对中华优秀传统文化相关的重大理论问题的概念、内涵、地位、作用，以及目标和方向进行了相对来说比较全面而系统的研究；但是中华优秀传统文化博大精深，要把优秀传统文化的精神标识提

---

① 陆玉林.当代中国青年文化研究 [M].北京：人民出版社，2009：241.

② 陆玉林.当代中国青年文化研究 [M].北京：人民出版社，2009：241-242.

炼出来、把优秀传统文化中具有当代价值、有利于文明互鉴的文化精髓提炼出来、把传统文化育人的资源和内核挖掘出来，这方面的理论工作我们做得还不够。还需要进一步加强中华优秀传统文化的研究阐释工作，深入研究阐释中华文化的历史渊源、发展脉络、基本走向，阐明中华优秀传统文化与当代中国马克思主义的关系，阐明传承发展中华优秀传统文化与建设中国特色社会主义事业的关系，阐明丰富多彩的多民族文化与中华优秀传统文化的关系，以及中华文明与世界其他文明的关系，着力构建有中国底蕴、中国特色的思想体系、学术体系和话语体系。

此外，各级各类学校开展优秀传统文化教育主要通过课堂学习与课外活动等渠道，以学习传统书法、诗词、艺术等方式开展。在青少年中开展传统文化教育的最终目的是将传统文化中的基本精神与精华内化到学生的品格中，培养青少年对中华民族文化的认同，进而增强民族自信，形成新时代健康、积极、向上的价值观。在这方面，学校对传统文化的育人内核挖掘还不够深入，缺乏创新，学习往往停留于知识表面、浅尝辄止，传统文化的学校教育与生活相分离，没有将对传统文化知识的学习与对学生人格的培养深入结合。

（二）家庭、学校、社会尚未形成合力

学校教育是主体，但是也需要家庭教育、社会教育密切配合，彼此形成合力，才能取得更好的教育效果。习近平总书记认为，家庭是社会的基本细胞，是人生的第一所学校。所以不论时代发生多大变化，不论生活格局发生多大变化，我们都要重视家庭建设，注重家庭教育。研究表明，父母受教育程度越高，子女对中华优秀传统文化认可程度越高。父亲没有受过教育或者是半文盲的青少年对传统文化的认同比例是64.1%，而父亲受到大学、研究生教育的青少年对传统文化的认同比例是83.0%，相差近20%个百分点[1]，说明父母受过良好的教育可以给青少年更多传统文化方面的教育。尽管《完善中华优秀传统文化教育指导纲要》《关于实施中华优秀传统文化传承发展工程的意见》等多部文件指出，要坚持学校教育、家庭教育、社会教育相结合，充分鼓励和引导社会力量广泛参与中华优秀传统文化教育，但是目前我们在青少年家庭教育、学校教育、社会教育全员育人方面还需要加强，不过家长传统文化素养的提升也非一朝一夕可以做到，社区、社会教育力量的发展也是一个持续的过程。

---

[1] 陆玉林.当代中国青年文化研究[M].北京：人民出版社，2009：242.

### （三）中华优秀传统文化教育供给侧有待于进一步改革

教育是文化得以传承的重要手段之一，而要开展好教育就需要培养大批高素质的人才。目前，中华优秀传统文化教育供给侧主体数量严重不足，素质也亟需提升。中华优秀传统文化内容丰富、精深复杂，很多中小学教师由于缺乏专业的训练，无法向学生传递传统文化的精髓，教学流于表面。2011年，国家开始加强对骨干教师进行传统文化教育的专项培训，也培育了上千名教师，但是相对于全国数量庞大的各类学校来说，这些是远远不够的。教师要有深厚的传统文化素养，才能深入挖掘温润而隽永的中华优秀传统文化人文精神要旨，把中华优秀传统文化精髓传递给青少年，因此提升教师的传统文化素养是做好青少年优秀传统文化教育供给侧改革的基础工作。此外，作为教育供给侧主体的家长在传统文化素养方面存在欠缺、认识不到位；作为教育供给侧的社会力量参与和支持中华优秀传统文化教育的积极性还有待于进一步提高。总之，要想做好青少年优秀传统文化教育的工作，对教育供给侧改革势在必行。

## 二、对青少年开展中华优秀传统文化教育的省思

### （一）中华优秀传统文化教育的实效性有待于进一步提升

在《中国大学生思想政治教育发展报告2015》中，课题组考察了大学生对于社会主义核心价值观建设意义的认识，以及大学生民族自豪感与民族自信心的情况。调查显示："大学生对社会主义核心价值观有非常高的认同度，对社会主义核心价值观12项基本内容的平均认同度为91.7%。"[1] 但是特别需要引起关注的是，在对社会主义核心价值观12项基本内容的认同上，"敬业"和"爱国"两个作为中华优秀传统美德的核心价值观，其认同度远低于其他10个价值观的认同度，其中"敬业"的认同度为80.8%，"爱国"的认同度为79.0%，其中的原因需要引起我们的重视与省思。对于传统文化的了解方面，调查显示："当前大学生对中华传统文化历史的了解程度差强人意。"[2] 在全国各地高校3500名大学生为样本的抽样调查中，对中华文化的发展与演进历程表示了解的有63.8%，了解程度一般的占32.3%，非常了解的比例仅占

---

① 沈壮海，王培刚．中国大学生思想政治教育发展报告2015[M]．北京：北京师范大学出版社，2016：89.

② 沈壮海，王培刚．中国大学生思想政治教育发展报告2015[M]．北京：北京师范大学出版社，2016：216.

12.5%，还有 3.9% 的大学生表示不大了解或者很不了解。历史与文化密切相关，没有历史的沉淀与积累，文化便无从谈起。青少年只有清楚地了解中华文化的发展历程，才能形成对中华优秀传统文化认同的基础。

学者朱白薇在《当代青年精神价值追求研究》一书中提到，随着我国综合国力的增强与国际地位的显著提升，以及国家层面大力倡导继承和弘扬中华优秀传统文化，绝大多数青年能够批判地继承传统文化，但是也不乏少数青少年对传统文化价值取向存在误解。西方的功利主义、实用主义思想对青年的影响不可小觑，很多青少年对传统的"公而忘私"的观点不能从内心真正接受，而是选择为个人眼前的利益而奋斗；一部分青年陷入拜金主义、拜名主义、拜权主义之中，失掉了理念与信念。[①]

总体上来说，当代青少年对我国历史与传统文化是认同的，青少年的价值追求也是积极向上的，但是实际践行中对我国历史与优秀传统文化了解还需要系统地提升与加强。在社会转型期，多元文化并存发展，青少年思想活跃，个性不稳定，意志不坚定，容易在复杂多变的社会环境中迷失方向，必须要有主导性的价值与文化引领他们的思想，否则社会无法发展，国家、民族也无法前进。党的十八大以来，尽管青少年中华优秀传统文化教育取得了一定成绩，积累了实践经验，但是现状不容乐观，西方"文化霸权主义"从未停止过对我们进行文化渗透，大众流行文化如丧文化、佛系文化、消费文化、享乐文化等在无形中消解着中华优秀传统文化，在网络发达的时代，青少年也十分容易受到网络上与传统价值观相悖的文化所影响。我们要按照党的十九届四中全会的要求，坚持以社会主义核心价值观引领文化建设制度，推动对青少年的理想信念教育常态化、制度化，形成更加规范而有效的中华优秀传统文化制度建设，使青少年在传统文化的熏陶下能够做到知行合一。

## （二）采取措施针对性地改进中华优秀传统文化教育

第一，继续深挖传统文化育人资源和内核。中华优秀传统文化的核心是人，而人总是生活在一定社会中，是一定社会关系的总和。如何正确地面对和处理人际关系、把握人与人交往的基本准则和原则，就要挖掘中华优秀传统文化的"仁爱"思想；家国情怀是中华优秀传统文化中最朴素、最深沉的情感，要引导青少年深刻认识中华优秀传统文化中所蕴含的爱国思想，就要深入阐释"先天下之忧而忧，后天下之乐而乐"的责任担当，"苟利国家生死以，岂因祸福

---

① 朱白薇. 当代青年精神价值追求研究 [M]. 北京：中国社会科学出版社，2017：116.

避趋之"的报国情怀，"三十功名尘与土，八千里路云和月"的浩然正气，以及"只解沙场为国死，何须马革裹尸还"的献身精神。学校教育要结合实际，继续深挖传统文化中的思想精华与合理内核，在真正理解中华优秀传统文化基本精神的基础上，让中华优秀传统文化蕴含的思想观念、人文精神、道德规范真正深入青少年内心，成为一种行为习惯与价值追求。

第二，形成中华传统文化育人合力。要形成中华传统文化育人合力是一个长期的、持续的过程。首先，要在观念上让家长、全社会都认识到中华文化源远流长、灿烂辉煌，认识到中华优秀传统文化中有着丰厚的教育资源，对青少年开展中华优秀传统教育非常有必要。同时，父母在日常生活中要言传身教，在孝老爱亲、敬业乐群、扶危济困等方面做好表率。其次，在发动社会力量方面，可以充分开发青少年喜欢的动画片、动漫、游戏，将历史文化知识和传统文化教育寓于其中。国家鼓励与提倡全社会都宣传传统节日，如春节、元宵节、清明节、中秋节、重阳节等，举办传统节日活动、打造传统文化旅游景观也是社会教育的一种有效形式。

第三，提升中华优秀传统文化教师综合素养。一方面，教育部门和学校要加强对教师传统文化素养的系统培训；另一方面，新时代的教师也要积极提升自身传统文化的素养，把教育当作一份事业，将教学与科研有机结合，努力研究把握中华优秀传统文化理论问题，同时积极建立有效的教学方法与教学手段，把中华优秀传统文化融入中小学生的德育课、大学生的思政课，围绕主题，做到言之有物，增加课堂的吸引力、感召力；将中华优秀传统文化与时代价值和当今的话语结合起来，真正让青少年优秀传统文化教育入脑入心。

# 第四章　当前中华优秀传统文化教育的
## 基本方式

中华优秀传统文化虽然在文化形态上属于"旧文化"，并且以传统的外壳面貌为外在表征，遵循古老的价值追求。但如黑格尔所言，传统"并不是一尊不动的石像，而是生命洋溢的，有如一道洪流，离开它的源头愈远，它就膨胀得越大"①。中华民族在漫长的时间序列发展进程中，建构起了完备成熟的伦理道德体系，在"人伦日用"中形成了丰富多样、层次性的个体伦理、家庭伦理、国家伦理，乃至宇宙伦理的道德规范体系，并提出了比较完备的道德目标，形成了社会普遍认可的道德评判标准及道德养成路径，已然成为中华民族的精神标识和精神特质。因此，在新时代探索具有中国特色的青少年德育新思路和建构科学完善、具有时代特色的德育体系的同时，继承和发展以儒家思想为主流的传统德育思想精华，吸收和借鉴其积极合理的成分，并赋予其时代精神，实现创造性转化、创新性发展，对推动青少年传统文化教育和新时代中国特色社会主义文化建设，显然有着十分重要的教育意义。随着党和国家对优秀传统文化的重视，特别是教育中对传统文化的回归，教育工作者致力于把中华优秀传统文化根植于学生心灵，厚植学生的家国情怀，使学生在新时代多元文化浪潮中坚守"根"与"魂"，树立正确的世界观、人生观、价值观，提高道德品质，提升社会与民族责任感、使命感。要使优秀传统文化教育在青少年教育中逐渐成为一种"显学"，在教育政策、教育理论和教育实践层面都受到了前所未有的关注。

2013年，《中共中央关于全面深化改革若干重大问题的决定》作出了建设社会主义核心价值体系、社会主义文化强国、深化文化体制改革、推动社会主

---

① 黑格尔.哲学史讲演录（第一卷）[M].贺麟,王太庆,译.北京:商务印书馆,1959:8.

义文化大发展大繁荣的决定，以此为契机加大加快社会主义文化建设。2014 年教育部颁布《完善中华优秀传统文化教育指导纲要》，从加强中华优秀传统文化教育的重要性和紧迫性、指导思想、基本原则和主要内容、分学段有序推进中华优秀传统文化教育；把中华优秀传统文化教育系统融入课程和教材体系；全面提升中华优秀传统文化教育的师资队伍水平、着力增强中华优秀传统文化教育的多元支撑、加强中华优秀传统文化教育的组织实施和条件保障等方面提出中华优秀传统文化教育的指导性意见。可以说，这是中国教育史上具有里程碑意义的一个文件，它虽然仅仅只是一个指导纲要，并不具体，有很多内容也并未构建起来，但它在一定程度上说明了我国向西方学习的 100 年的教育走到了一个节点，我们的教育要向传统学习，要传承中国的文化。

以儒家思想为主流的中国传统文化的基础是伦理道德，道德伦理意识渗透到中国文化的各个方面，中国社会也因此逐渐成为伦理型社会。传统的伦理蕴含着丰厚的民族精神和伦理道德，是中华民族的精神标识，这不仅对中华民族特质的塑造、民族心理的形成及家国情怀的培育有基础性的影响，而且以两千多年时间序列积淀下来的文化传统和伦理道德对今天产生着广泛而深刻的影响，可以说，传统文化是我们在新时代开展青少年道德教育的重要思想来源和精神养分，它对中国特色社会主义下的青少年世界观、人生观和理想信念的引导和教育有着非常重要的导向作用。由于中国文化的基础是伦理道德，德育自然居于教育的首要位置。在中国传统教育中，教育即德育，《论语》有云："子以四教，文、行、忠、信"，"行"指"德行"，"忠"意为"对人竭心尽力"，"信"指"诚实"，此三项为直接的德育，而"文"可译为"文献、古籍"，引申为"学问"。关于"文"，孔子又云："弟子入则孝，出则悌，谨而信，泛爱众，而亲仁。行有余力，则以学文。"由此可见，"文"是德育的载体，是从属于德育的。教育总是为一定的政治、经济、文化服务的，德育也是一样。在中国历史上，德育也的确充当过政治统治的重要手段，那就是通过德育，使伦理道德得以"人伦日用"，导致百姓在日常生活的举手投足间便已然维护了整个中国封建社会秩序。

在当前的教育中，传统文化教育的开展也是基于对中国传统文化中伦理道德的德育功能，《完善中华优秀传统文化教育指导纲要》以弘扬爱国主义精神为核心，从爱国、处世、修身三个层次概括凝练中华优秀传统文化教育的主要内容，通过家国情怀、社会关爱和人格修养三个层面的教育，培养青少年学生做有自信、懂自尊、能自强，高素养、讲文明、有爱心、知荣辱、守诚信、敢创新的中国人。传统文化教育方式亦是主要围绕德育的内容展开，青少年传统文化教育主要在学校教育这个大背景下进行。进入 21 世纪以来，中华优秀传统文化教育不断得到加强，取得了显著成效，青少年传统文化教育基本形成了以学校教育为主、家庭教育和社会教育积极参与的良好局面，弘扬中华优秀传统文化的宣传标语出现在大街小巷，传统文化进网络、进教材、进课堂成为普遍性的现象，学校、家庭和社会广泛关注青少年优秀传统文化教育，本章重点探讨的是学校对处于学龄阶段的学生开展传统文化教育的方式。在当今现代教育体制中，在近百年来，传统文化教育几经中断后，采用什么方式开展青少年中华优秀传统文化教育是一个值得探讨的问题。

# 第一节　以马克思主义理论为指导建立的中国特色德育理论体系

　　法国百科全书派代表人物霍尔巴赫说过："中国可以算是世界上所知唯一将政治的根本法与道德相结合的国家。""在中国……建立于真理之永久基础上的圣人孔子的道德,却能使中国的征服者,亦为之所征服。"[①]新中国成立以来，我国建立起了以中国共产党的领导、以马克思主义为指导的中国特色社会主义教育体系。在这种教育体系下，青少年教育尤其重视德育，德育作为一种上层建筑被赋予了更为深刻的含义——既承继了中国传统文化的伦理道德性，有着教化育人和文化认同功能，又发挥了特殊的政治作用，在中国特色社会主义建设和发展中发挥了强大的文化自信功能。而在以德育为本的传统文化教育中，教育形式自然也主要围绕德育内容开展，由此形成了以中国共产党领导的、以马克思主义为指导的传统文化教育体系。

## 一、作为整体性教育的德育

　　教育作为上层建筑，总是为一定的政治、经济服务，德育也是一样。中国传统的伦理道德同样在当代发挥着特定的作用，德育作为一种特殊的政治在文化深层次结构的意义依然没有变，传统文化伦理道德在潜移默化中规范着人们的思想和行动，维护着社会秩序。新中国成立以后，我国的教育是中国共产党

① 姜林祥.儒家在国外的传播与影响 [M].济南：齐鲁书社，2004:265.

领导的、以马克思主义理论为指导的中国特色社会主义教育，由此也建立起来了以马克思主义为指导的新的德育理论体系。德育作为一种上层建筑上升为与政治建设和社会建设休戚相关的层面，从这个意义上来讲，德育是一种"特殊"的教育——注重德育的社会本位价值取向。1994 年，为适应深化改革、扩大开放和加快社会主义现代化建设步伐的新形势的要求，进一步加强和改进学校德育工作，中共中央印发《关于进一步加强和改进学校德育工作的若干意见》。《关于进一步加强和改进学校德育工作的若干意见》指出，"现在和今后一二十年学校培养出来的学生，他们的思想道德和科学文化素质如何，直接关系到 21世纪中国的面貌，关系到我国社会主义现代化建设战略目标能否实现，关系到能否坚持党的基本路线一百年不动摇。必须站在历史的高度，以战略的眼光来认识新时期学校德育工作的重要性"，学校德育的目标是"努力培养有理想、有道德、有文化、有纪律的献身于有中国特色社会主义事业的建设者和接班人"。2014 年 4 月教育部下发《关于培育和践行社会主义核心价值观进一步加强中小学德育工作的意见》。该文件指出，要充分体现时代性，着力加强中小学德育的几个薄弱方面：传统文化教育、公民意识教育、生态文明教育、心理健康教育、网络环境下的德育工作，切实培育和践行社会主义核心价值观，推进青少年德育工作。2017 年，教育部印发《中小学德育工作指南》，指出当前我国的德育目标：培养学生爱党爱国爱人民，增强国家意识和社会责任意识，教育学生理解、认同和拥护国家政治制度，了解中华优秀传统文化和革命文化、社会主义先进文化，增强中国特色社会主义道路自信、理论自信、制度自信、文化自信，引导学生准确理解和把握社会主义核心价值观的深刻内涵和实践要求，形成良好的政治素质、道德品质、法治意识和行为习惯、积极健康的人格和良好的心理品质，促进学生核心素养提升和全面发展，为学生的一生成长奠定坚实的思想基础。

在现阶段，我国的德育总体来讲包括思想政治教育和品德教育，其主要任务不仅限定在政治教育，而是将"社会本位"和"个人本位"价值取向科学结合起来考量，在满足个体发展的同时又能服务于社会，在促进社会发展的同时又能满足个体发展需要。根据党的十九大中"立德树人"的根本任务，培养社会主义建设者和接班人所需要的全方位德育，其中既包括道德教育和心理健康教育，也包括公民意识教育和生态文明教育等，真正构建一个完善、丰富的大德育体系。我国的德育体系是整体性的德育体系，指向的是人的自由全面发展和社会的良性善治，这就契合了中国传统文化伦理道德所追求的价值目标。

## 二、作为特殊教育的德育

如前所述，由于中国传统文化的基础是伦理道德，那么德育就很自然地占据了教育的首要位置。自古以来，教育总是为一定的政治、经济、社会服务，开展伦理道德教化的目的也主要是维护国家统治和社会稳定，因此，德育作为一种上层建筑被赋予了特殊的功用——政治性。在一定程度上，伦理道德教育即为政治，有替代政治的倾向。正如法国启蒙运动思想家伏尔泰所说："中国人最闻名与最完善的是他们的道德与法则。""由于它是世界上最古老的民族，它在伦理道德和治国理政方面，堪称首屈一指。"①民国以后，这种传统意义上的"德育万能"局面得到了扭转，出现了"五四"以后反传统的现象，西方民主与科学逐渐迎合了人们对救亡图存、变革求新、民族富强的憧憬，国内教育引进西方教育体制，兴建新式学堂，开始向西方学习，昔日风光无限的传统文化逐渐失去了往日的辉煌，甚至一度成为世人唾弃的对象和争相批判的目标，中国两千年来的读经诵典式的伦理道德教育由此戛然而止。改革开放之初的80年代，人们的思想处于一种解放的状态下，伴随改革开放的脚步而来的是对西方文化的推崇，涌现出的全盘西化论的"文化热"同样出现了对传统文化的口诛笔伐、淡漠忽视，由此构成了自民国以来中国现当代长达百年的反传统思潮。反传统对于中国社会，尤其是对于中国现代教育工作的影响是广泛而深远的。作为特殊教育的德育，如果缺失了中国文化的德育传统，割裂中国传统文化与当代教育、文化发展过程中的扬弃与创造的关系，必然导致民族文化的虚无主义，造成青少年对于传统文化的无知，使民族文化和国家逐渐丧失其内在的精神之基，进而出现中华民族认同危机，并最终导致中华民族和国家凝聚力和向心力的流失。客观地讲，中国教育向西方看齐，导致中国传统文化的传播严重滞后，在自"五四"以来长达百年的反传统思潮的反复冲击下，传统文化教育的缺失已经出现迭代效应，这种本土文化的缺失，使人们对自己民族宝贵的精神文化道德缺乏必要的认知和体悟，没有文化认知和体悟，怎么会有文化自觉和自信呢？文化自豪感更是无从谈起，可以说，我们那时所处的时期是一个文化信仰有所扭曲、亟需调整的时期，青少年找不到一个正确的人生方向和文化依靠，道德家园出现空虚。割裂了传统文化与当代中国教育，我们将会从否定传统文化逐渐发展到否定马克思主义的意识形态科学性，进而陷入否定社会主义核心价值观的泥淖，教育对于文化的发展、道德的建构将无从谈起，社会主义核心价值观将无从建立，中国特色社会主义事业大发展将无以为继，

---

① 伏尔泰.路易十四时代 [M].吴模信等译.北京：商务印书馆，1982:594.

中华民族的伟大复兴将是无源之水、无根之木、空中楼阁。

幸而中断百年之后，中国教育重新回归传统，教育部 2014 年印发《完善中华优秀传统文化教育指导纲要》，使我国教育回归自己的文化传统。其主要原因，自然也是因为中国传统文化的伦理道德教化的特殊功能。《完善中华优秀传统文化教育指导纲要》指出加强中华优秀传统文化教育的重要性和紧迫性在于，加强中华优秀传统文化教育"对于引导青少年学生更加全面准确地认识中华民族的历史传统、文化积淀、基本国情，认清中国特色社会主义的历史必然性，坚定走中国特色社会主义道路、实现中华民族伟大复兴中国梦的理想信念，具有重大而深远的历史意义""是构建中华优秀传统文化传承体系，推动文化传承创新的重要途径""是培育和践行社会主义核心价值观，落实立德树人根本任务的重要基础"，该文件还指出，之所以在青少年中开展传统文化教育，其可能性在于中华优秀传统文化教育本身就有独特的德育价值：中华优秀传统文化是中华民族语言习惯、文化传统、思想观念、情感认同的集中体现，凝聚着中华民族普遍认同和广泛接受的道德规范、思想品格和价值取向，具有极为丰富的思想内涵。由此指出，加强青少年中华优秀传统文化教育的主要内容为，"以弘扬爱国主义精神为核心，以家国情怀教育、社会关爱教育和人格修养教育为重点，着力完善青少年学生的道德品质，培育理想人格，提升政治素养"。

综上来讲，中国传统文化所特有的伦理道德教化基础构建起了中国教育以德育为核心的体系，它紧密结合政治、经济与社会的需要，在教育中发挥着不可替代的作用，所以在某种意义上来讲，德育是作为一种政治存在的特殊教育。在中国特色社会主义的政治、经济、社会建设和发展中，这种以中华优秀传统文化伦理道德为核心的德育依然发挥着重要作用，尤其是在培育、践行和构建中国特色社会主义的核心价值观、落实立德树人根本任务上发挥着基础性、根本性作用。因此，加强青少年传统文化教育是具有必要性和紧迫性的教育工作，也是当前我国教育改革和建设所面临的现实课题，更是推进中国特色社会主义文化建设的关键。

## 三、作为中国特色社会主义教育体系重要内容的德育

中国传统文化以德育为本，这种德育的传统历来在价值取向上注重社会本位和个人本位的统一，既要发挥伦理道德在维护社会稳定方面的"人伦日用"功能，又要发挥促进个体全方位发展的功能，因此具有整体性教育的特点，同时也凸显出其价值取向的政治性。中国文化的德育为本的传统作为一种民族基

因被很好地传承了下来。新中国成立以后，我们建立了社会主义制度，坚持中国共产党的领导，在指导思想上以马克思主义为指导，教育体系也必然是中国共产党领导的、以马克思列宁主义、毛泽东思想、中国特色社会主义理论体系为指导的教育，德育理论体系也同样建立在这个教育体系基础之上。在中国特色社会主义道路、理论、制度、文化之下，德育的根本任务是立德树人，为社会主义事业培养合格的建设者和接班人，围绕着这一任务，青少年传统文化教育形成了以坚持党的领导、政府主导、学校主体、家庭和社会为补充的教育方式。

　　传统文化成为中国特色社会主义德育的重要来源和重要内容，其主要原因在于中国共产党是中华优秀传统文化的继承者和弘扬者，继承传统文化、弘扬中华民族的传统美德是中国共产党的使命担当。中国共产党成立 90 多年来，深知一个民族若没有自己独特的精神和品格是不可能自立于世界民族之林的，中华民族之所以能够屡遭挫折而生命愈盛，饱受磨难而斗志弥坚，是因为拥有强大的民族精神支撑，而中国传统文化正是中华民族精神的摇篮和载体。中国共产党主动担当起传承中华文明的伟大使命，虽然历届党的领导人文化背景和文化认同有所差别，但实现中华民族的伟大复兴却是共同的理想信念。自近现代"西学东渐"始，在如何对待民族传统文化问题上，曾引起广泛持久的争论，究其原因，其实质是文化认同问题。中国共产党自成立之初，就把推进中华民族伟大复兴当作自己不懈追求的目标，自觉珍视中华优秀传统文化，持之以恒，坚持做中华文明的传承者，坚持文化自觉、文化自信。在历史的各个时期，在面对传统与现代的关系，在审视传统与时代的发展时，无论是学术界、文化界、教育界，还是党和国家的决策部门，都对中国传统文化与我国社会主义现代化建设之间的关系进行了全面、认真、深入的审视，并最终作出了正确的抉择。

　　我国教育能够重新回归传统，是有其必然性存在的，同时也是经过很长一段时间的反传统到回归传统的跌宕起伏经历。长期以来，中国传统文化所营造出的浓厚的伦理道德语境使得中国共产党既不可能无视传统文化社会教化功能的存在，而且其成员，尤其是领导层成员，也根本没有摆脱传统文化伦理道德的塑造和熏染。因此，在这种历史条件下，党和国家在中国革命和建设的各个历史时期的思想政治教育和德育工作都无法忽视传统文化伦理教化的重要作用。而正确认识和处理中国传统文化与德育和思想政治教育之间的关系，也成为我国不同历史时期的德育和思想政治教育工作不可回避的核心议题之一，对待传统文化的态度也经历了从否定到批判继承，再到弘扬和发展的转变。

　　在近现代，由于"西学东渐"的影响，西式教育和西式学堂成为近代中国教育的主要形式，传统文化教育一度被搁置。新中国成立以来，我国建立起了以中国共产党的领导、马克思主义为指导的社会制度，中国的教育走上了由中国共产党领导的、以马克思主义为指导的中国特色社会主义教育道路。受新中国初期阶级斗争和意识形态斗争的影响，我国的教育重在为政治服务，传统文化德育的传统基因虽然继承下来，但受制于当时的阶级斗争需要，以及当时特定历史时期的错误认识，传统文化教育也一度被漠视甚至排斥在教育体制之外。改革开放以来，邓小平在1982年发出了"走自己的路，建设有中国特色的社会主义道路"[①]的号召，而"中国特色"指的是："我们整个民族、整个国家长期历史发展过程中所形成的语言、文化、风俗、习惯及其他有关的特点和传统。"[②] 由此确立了一条社会主义建设与中国的历史文化传统相互整合的发展道路，传统文化教育也就被纳入中国特色社会主义道路发展中。伴随着中国特色社会主义制度的确立，经济社会广泛进步，中国特色社会主义文化不断发展，传统文化在我国政治、经济和文化建设中的积极作用日益彰显。教育为适应经济社会发展需要，教育教学改革持续推进，传统文化教育也在中断百年之后，伴随2014年《完善中华优秀传统文化教育指导纲要》的出台，中国教育重新回归传统，向传统学习，以汲取丰厚的文化养分。《完善中华优秀传统文化教育指导纲要》作为一个中国教育史上具有里程碑意义的文件，指出加强中华优秀传统文化教育的指导思想是"坚持以邓小平理论、'三个代表'重要思想、科学发展观为指导，深入贯彻落实党的十八大、十八届三中全会精神和习近平总书记系列重要讲话精神，全面贯彻党的教育方针，积极培育和践行社会主义核心价值观，围绕立德树人根本任务，以弘扬爱国主义为核心的团结统一、爱好和平、勤劳勇敢、自强不息的民族精神为主线，以推进大中小学中华优秀传统文化教育一体化为重点，整体规划、分层设计、有机衔接、系统推进，促进青少年学生全面发展，培养富有民族自信心和爱国主义精神的社会主义事业建设者和接班人。"可以说，《完善中华优秀传统文化教育指导纲要》及其内容凸显出来的价值是非常重要的，在未来很长时期内，传统文化教育都会在中国的教育制度中占有相当的比重。

中国特色社会主义新时代，党和国家在推进政治经济社会发展的同时，更加注重坚定中国特色社会主义道路自信、理论自信、制度自信、文化自信，而文化自信是根本性的自信，因此有必要进一步推进中国特色社会主义文化建设，培育和践行社会主义核心价值观，增强文化自信，回归传统文化教育是坚定文

---

① 邓小平.邓小平文选（第三卷）[M].北京：人民出版社，1993:3.

② 顾骧选编.周扬近作[M].北京：作家出版社，1985:259.

化自信自觉、培育和践行社会主义核心价值观、建设中国特色社会主义文化的必然选择。习近平同志2013年在中共中央政治局第十二次集体学习时指出:"要继承和弘扬我国人民在长期实践中培育和形成的传统美德,坚持马克思主义道德观、坚持社会主义道德观,在去粗取精、去伪存真的基础上,坚持古为今用、推陈出新,努力实现中华传统美德的创造性转化、创新性发展,引导人们向往和追求讲道德、遵道德的生活,让13亿人的每一分子都成为传播中华美德、中华文化的主体。"[①]从本质上说,中国特色社会主义德育或者整个教育的真谛在于为整个民族和国家构筑一个文化传承、民族发展和国家进步的支点和灵魂的休养生息之所。中国人民经过长期探索和不懈努力,终于找到了一条将马克思主义与中国国情相结合的社会主义道路,中国共产党带领中国人民经过长期努力,将马克思主义与中华民族的基本特质、历史传统、思维习惯紧密结合,形成了中国特色社会主义理论体系,让马克思主义成为我们认识和改造世界的强大的思想武器。因此,在德育和更为广泛的教育工作中,我们只有善于运用中国传统文化遗产中的优秀成果去诠释和解读马克思主义,使马克思主义富有浓郁的中国作风、中国性格和中国气派,它才能真正深入人心,中国特色社会主义道路、理论、制度、文化才能更加自信。因此可以说,当前的传统文化教育的根本方式是嵌入到中国特色社会主义发展进程中去,是以马克思主义理论为指导而建立的中国特色德育理论体系的重要组成部分,其目的是立德树人,为中国特色社会主义培养合格的建设者和接班人,为实现中华民族伟大复兴的中国梦奠定人才强国基础。

## 第二节　以学校教育为主多学科渗透开展传统文化教育

　　学校是文化传承和培养人才的主要场所,肩负着弘扬传统文化、传承和培育民族精神的重要使命,而加强传统文化教育是开展德育工作和文化建设的一项基础性工作,是落实立德树人教育根本任务的重要路径选择。中共中央办公厅、国务院办公厅印发的《国家"十三五"时期文化发展改革规划纲要》指出,

---

① 习近平. 建设社会主义文化强国 着力提高国家文化软实力 [EB/OL]. (2017-02-18) [2020-07-01].http://qnzz.youth.cn/zhuanti/kszt/xdemo_128647/08/xdemo_ 127402/02/201702/t20170218_9136507.htm.

要"完善中华优秀传统文化教育，加强中华文化基因校园传承"。当前，中华优秀传统文化教育作为我国中小学教育的重要目标和内容，作为文化育人、立德树人的一个重要组成部分，被提到了前所未有的高度，在中小学教育中备受重视。

## 一、学校教育是青少年传统文化教育的主要形态

青少年处于集中教育阶段，学校教育是青少年教育的主要方式，因此学校是青少年传统文化教育的主渠道、主阵地，发挥着先导和示范的作用。当前，传统文化教育的理念已经在青少年教育中得到了广泛普及和重视，2014年《完善中华优秀传统文化教育指导纲要》的出台标志着我国教育开始回头看，注重加强传统文化教育。《完善中华优秀传统文化教育指导纲要》指出，加强中华传统文化教育要坚持"学校教育、家庭教育、社会教育相结合的原则，既要发挥学校主阵地作用，又要加强家庭、社会与学校之间的配合，形成教育合力"。在学校教育中，《完善中华优秀传统文化教育指导纲要》从分学段有序推进中华优秀传统文化教育、把中华优秀传统文化教育系统融入课程和教材体系、全面提升中华优秀传统文化教育的师资队伍水平、着力增强中华优秀传统文化教育的多元支撑、加强对中华优秀传统文化教育的组织领导、完善中华优秀传统文化教育的评价和督导机制、加强中华优秀传统文化教育教学研究等几个方面提出指导性意见，特别是提出分学段有序推进中华优秀传统文化教育的指导下意见，为我国青少年传统文化教育在学校教育中如何推进指明了方向。《完善中华优秀传统文化教育指导纲要》指出：在小学低年级，以培育学生对中华优秀传统文化的亲切感为重点，开展启蒙教育，培养学生热爱中华优秀传统文化的感情；小学高年级，以提高学生对中华优秀传统文化的感受力为重点，开展认知教育，了解中华优秀传统文化的丰富多彩；初中阶段，以增强学生对中华优秀传统文化的理解力为重点，提高对中华优秀传统文化的认同度，引导学生认识我国统一多民族国家的文化传统和基本国情；高中阶段，以增强学生对中华优秀传统文化的理性认识为重点，引导学生感悟中华优秀传统文化的精神内涵，增强学生对中华优秀传统文化的自信心；大学阶段，则以提高学生对中华优秀传统文化的自主学习和探究能力为重点，培养学生的文化创新意识，增强学生传承弘扬中华优秀传统文化的责任感和使命感。

2017年中共中央办公厅、国务院办公厅印发《关于实施中华优秀传统文化传承发展工程的意见》，着力构建中华优秀传统文化传承发展体系，传承中华文脉、全面提升人民群众文化素养、维护国家文化安全、增强国家文化软实力、

推进国家治理体系和治理能力现代化。该文件指出，传承发展中华优秀传统文化主要内容包括：中华优秀传统文化的核心思想理念，即要大力弘扬讲仁爱、重民本、守诚信、崇正义、尚和合、求大同等核心思想理念；中华传统美德，即要大力弘扬自强不息、敬业乐群、扶危济困、见义勇为、孝老爱亲等中华传统美德；中华人文精神，即要大力弘扬有利于促进社会和谐、鼓励人们向上向善的思想文化内容。同时，该文件还指出，传承发展中华优秀传统文化的重点工作之一是要围绕立德树人教育根本任务，遵循学生认知规律和教育教学规律，按照一体化、分学段、有序推进的原则，把中华优秀传统文化全方位融入思想道德教育、文化知识教育、艺术体育教育、社会实践教育各环节，贯穿国民教育始终，同时指出要加强面向全体教师的中华文化教育培训，全面提升师资队伍水平，以做好中华优秀传统文化的传承发展工作。

党和国家之所以如此重视学校青少年传统文化教育工作，主要原因在于，很长一段时间以来，学校教育对传统文化教育的缺失，导致青少年德育缺乏丰富的德育资源，由此带来了一系列问题。由于现阶段的教育体制尚处于应试教育向素质教育的转型过程中，重智育轻德育、重育才轻育人的现象仍然存在，导致青少年普遍存在吃苦耐劳精神缺失，不善于团结互助，缺少友爱同学、助人为乐的品行，缺乏必要的应对生活和学习当中困难的素养和能力，世界观、人生观、价值观迷茫，理想信念缺失等问题。这无疑与优秀传统文化在当前青少年教育中的缺位有很大的关系。在全球化时代的今天，通过传统文化教育，让我们的学生认识和了解中华文化的根基和最深沉的内涵，做到文化自觉，坚定文化自信，让他们在体认世界范围内不同文化差异性的基础上，养成学习优秀传统文化成果的习惯，培养他们善良的心性和宽广的情怀，具有重要的意义。

## 二、学校开展青少年传统文化教育的主要形式

近年来，学校为落实党和国家关于传承和发展传统文化方针政策，促进优秀传统文化的传承与创新，增强文化自信，弘扬民族精神。同时也为提高青少年德育的科学性和实效性，推动德育工作的改革和创新，高度重视青少年传统文化教育工作，在教育教学中遵循学生的认知规律和教育教学规律，积极开展优秀传统文化融入教育教学工作。

### （一）教育资源上强化选编

学校教育工作的核心内容是课程教材。一个国家实施什么课程、使用什么教材，反映并决定了这个国家想要培养什么样的人和能够培养什么样的人，直

接关系到党领导的中国特色社会主义事业的巩固与发展。学校教育对传统文化资源也是一样，不是不加筛选照单全收，而是强化选择编排。涂尔干说过："教育本身不过是对成熟的思想文化的一种选编。"①简·罗兰·马丁在《要教的东西太多了》中也说过，无论你喜欢还是不喜欢，自觉还是不自觉，一种文化总是要传递给该文化的新成员。传递的途径多种多样，而传递的内容更是极其丰富，所以，"我们所面对的问题，已不是是否需要传递文化的问题，而是传递过去哪些成就、实践、技能、技术、价值观、态度、知识领域和世界观，以什么形式传递及传递给谁的问题"。2017 年，国家教材委员会成立，从制度层面上明确教材建设这一国家事权，以此提高教材的质量水平，更好地发挥其育人功能。学校传统文化教育也是一样，要强化选编责任，为当代青少年提供优秀的传统文化教育内容。

传统文化是一个内容浩繁博杂的体系，从中小学教育的角度而言，我们可以将其分为三个部分：经典文本、文化知识与技艺技能。②为此，要从以下几个方面来强化传统文化内容选编进教材。

一是对经典原著文本进行筛选。经典原著是一个民族的文化根基所在，承载着这个民族的文化基因，延续着整个民族的传承发展，一个民族的繁荣与昌盛、活力与希望的动力密码都蕴藏其中。在浩如烟海的传统文化资源中，最值得一读的是经过历史挑选而沉淀下来的经典原著。经典原著是中华民族历史长河中的先人智者关于自然、社会、精神的智慧认识的精华所在，是传统文化的奇葩，无论是在道德伦理教化，还是在思维方式启发上，均具有很高的教育价值。学校传统文化教育首先应该是对传统经典的致敬。经典原著在学习语言文字、了解历史文化、加强道德修养、培养爱国情感等方面具有广泛的教育意义。③为此，学校在传统文化教育中，要科学引导青少年直接阅读经典原著，亲身体悟经典原著的文化魅力和道德感召力，而绝不能用阅读后人写的文化史论、概论和改编资料来替代阅读经典原著。

为此，学校教材要科学选择经典著作。中华民族上下五千年文明长河中孕育了纷繁博杂的文化经典。当今时代，学校教育的重要任务知识传授和技能培训，让青少年继承当今人类文明和文化的最新成果。为此，面对如此浩瀚的文化典籍，如何科学安排青少年在学习任务繁重的背景下学习传统文化知识，是

① 爱弥尔·涂尔干.教育思想的演进[M].李康译.上海：上海人民出版社，2003:23.

② 徐梓.中华传统文化应成为中小学教育的"正餐"[J].群言,2014（7）:15.

③ 张良驯.青少年传统文化教育方式的改进探析[J].当代青年研究,2015,2:11-12.

需要重点考虑的问题。教育界要结合青少年德育发展水平的阶段性和连续性特征，在学生有限的学习时间内，对经典原著进行科学筛选，从中挑选出一些具有较高教育价值的经典原著，有针对性地对青少年进行教育。例如，可以选择"四书""五经"等蕴含丰富教育思想的儒家经典，对不同学段的青少年进行原原本本的传统文化教育，实现育德与育智结合。

二是对传统文化知识进行合理梳理选编。知识是代表人类文明发展方向的、人类对客观物质世界及精神世界探索、改造和创新结果的总和，是人类文明得以传承发展的物质承担者。中华传统文化源远流长、博大精深，是中华民族集体智慧的结晶，是中华民族历史遗产在现实生活中的完美展示。这些丰富浩瀚的历史遗产是古人先民认识客观世界和人类自身的成果，大到各种文化形态、制度体系，小到一个概念、一句俗语，都属于文化知识的范畴。前者如区域文化形态、分封制度、科举制度、三省六部制等，后者则有华夏、炎黄子孙、度量衡等。青少年传统文化教育应架设一座现代文明与传统文化沟通交流的桥梁，精心梳理传统文化知识及其生成机理、时代意蕴和现实意义，充分释放传统文化知识蕴含的科学精神和人文精神，用传统文化的历史厚重感培育青少年一代民族自尊心和自信心，激发他们勇往直前、开拓进取的奋斗精神，坚定中华民族文化自信心。

三是要对传统技艺进行合理梳理和选编。传统技艺是在历史长河中自民间传承发展下来的技艺、手艺、技能，每一门技艺都深深烙上了民族的独特印记。我们通常所讲的传统技艺，主要是指那些富于技巧性的手艺、工艺、武艺或艺术形式等，如传统的年画、剪纸、皮影、民歌民谣、陶艺，还有泥塑、木雕木刻、刺绣、戏曲、变脸、泥塑等，反映的是中华民族不同历史时期的审美追求和审美发展。传统技艺传承发展需要通过长时间反复演练和打磨才能习得和掌握，并形成固定的模式或者形式得以传承下去。而技能则可以看作是拥有特定技艺的能力或才能，比如，剪纸、说相声、评书、抖空竹等都是技艺，而善于剪纸、会说相声、会说评书、能抖空竹则是技能。对传统技艺进行合理梳理和选编，开展青少年传统技艺教育有助于学生领略中华优秀传统文化的博大精深，增强民族自豪感和自信心，培养他们在新时代学习科学文化过程中的工匠精神、奋斗精神和创新精神。

## （二）学科课程渗透融入式教育

在中国古代，教育强调德行教育，倡导"人伦日用"。但在当今社会，教育是通过学校集中教学的方式进行传授知识、培养技能，学校教育在一定程度上远离了日常生活。目前我国传统文化教育也是一样，学校进行传统文化教育的基本方式是学科课程渗透融入传统文化的相关内容。这种渗透的方式在当前学校教育中大行其道，有着深刻的历史原因。自民国初年废止"读经尊孔"以来，不少人漠视甚至贬抑传统文化。导致如今，人们对学校开展传统文化教育的价值还存在不同看法，传统文化教育的功能没有像学校分科教学那样成为全社会的广泛共识，这是因为长期以来我国学校教育中没有设置专门的传统文化教育课程。《完善中华优秀传统文化教育指导纲要》提出要"在课程建设和课程标准修订中强化中华优秀传统文化内容""在中小学德育、语文、历史、美术、体育等课程标准修订中，增加中华优秀传统文化内容比重""地理、数学、物理、化学、生物等课程，应结合教学环节渗透中华优秀传统文化相关内容"，同时鼓励各地学校"开设专题地方课程和校本课程"。《完善中华优秀传统文化教育指导纲要》的颁布，进一步明确和保障了当前在青少年中落实传统文化教育的核心是课程设置。学校将传统文化教育与语文、历史、地理、思想品德等课程进行整合和融入。

在具体教育教学过程中，避免先入为主的导引，力求引领学生自主自觉地去体味和体验。通过传统文化融入课程教学，青少年在成长成才过程中逐渐体验到传统文化的魅力。比如，在美术教学中渗透中国传统画作及其艺术鉴赏，在音乐教学中自觉引入古典音乐欣赏，在思想品德课中凸显品德修养和为人处世教育，在语文课中升华爱国主义、革命传统教育，在艺术教育中渗透情感教育、审美教育，在体育教学中学习中华传统武术教育，在地理教学中融入民族自豪感和自信心教育，等等，以此在潜移默化中不断促进青少年道德认知和心理素质发展，提升青少年的精神境界，在普及和学习中华优秀传统文化和传统美德过程中增强青少年的文化自信和民族自豪感。

自20世纪八九十年代以来，中华优秀传统文化在新的历史机遇和社会转型背景下逐步升温，中华优秀传统文化教育也在民间发起。学校传统文化教育也逐渐发生了改变，在中小学层面，全国各省份根据各地方的实际情况，充分挖掘地方文化资源，利用传统文化优势，开展了具有地方特色的中华优秀传统文化教育。如北京市门头沟区龙泉雾小学长年坚持"精心打造传统文化课程，以课程育人"，形成了"学生人人会打腰鼓，个个能诵读国学经典"的特色，成为市级非物质文化遗产传承的示范学校。山东济南省实验中学开设"齐鲁文化大讲堂"、大明湖路小学开设"国学启蒙"德育课程、南上山街小学开设"民俗文化"德育课程。安徽铜陵市瑞龙小学则尝试将常规语文教学与中华传统文化学习相结合，引领低年级学生徜徉于中华传统文化的长河中。黑龙江省哈尔滨及牡丹江地区 11 所中小学充分发挥少数民族区域优势，在中华优秀传统文化教育课程的类型选择及实施途径上日趋丰富和多元化，不仅体现在民族礼仪、民族音乐和民族舞蹈方面，还增设了朝鲜族传统体育项目、民族服饰、传统节日和历史文化等内容。重庆市从 2008 年起，由重庆中华传统文化研究会协同重庆市教委、市教科院在全市遴选了 100 余所中小学开展国学教育试点，举办国学教育师资培训班，聘请专家、学者及国学名师走进校园教授国学经典，积极开展传统文化教育实践。贵州省兴义市下五屯街道办事处中心小学编订了中华优秀传统文化核心理念学生读本《弟子规》，并专门成立"精品诵读社团""春蕾书社"等以此打造"书香校园"；新桥中学编订的中华优秀传统文化校本教材《我爱苗乡》《爱我安龙》，图文并茂地详细介绍了当地少数民族风土人情，通过学科渗透进行中华优秀传统文化教育。

在大学教育层面，近几年如北京大学、清华大学、中国人民大学、浙江大学、武汉大学、复旦大学、中山大学等 10 余所大学开设国学班，但很多大学国学班主要面向社会特别是企事业单位管理层等高阶群体开设，如复旦大学国学"总裁班"，并且以不定期的短期研修形式为主，覆盖面较窄、时间上零碎、师资上尚未形成师资梯队。但也有一些大学比较早地开展了与中华优秀传统文化相关的专业教育，如武汉大学"弘毅学堂"、人大国学院等，是面向本硕阶段学生开设，在规模和机制方面比较完善，形成了自己的办学特色，具有代表性。另外，西安交通大学"学而论坛"、西南大学国学班也具有一定的影响力，其中西南大学是西部地区首家开设国学班的高校。此外，南昌大学（2009 年）、山东大学（2011 年）相继开设国学班，目前尚处于探索和尝试的发展上升阶段。

在不同学段采取的这些措施对于推动传统文化普及和学校传统文化教育意义重大，但同时我们看到，这种把传统文化教育"融入"及"渗透"课程和教材体系的思路，总体上存在缺陷，那就是把传统文化教育当作"传统文化学问"来做，势必会带来新的问题，如脱离青少年生活学习情境、传统文化教育与传统文化生活的"两张皮"现象，存在一定的局限和不足。

（三）传统文化校本课程

学校传统文化教育需要借助系统的传统文化资源才能有效开展，传统文化校本课程应运而生。传统文化教育就是要通过学生对经典文本的诵读和古典文化的熏染，使学生在传统文化认知的基础上将传统文化所蕴含的伦理道德、思想品质和精神观念内化于心、外化于行。然而，按照现行学校传统文化教育的做法，即便是教育部颁布的《完善中华优秀传统文化教育指导纲要》提出要强化中华传统文化内容，即"在中小学德育、语文、历史、艺术、体育等课程标准修订中，增加中华优秀传统文化内容比重。地理、数学、物理、化学、生物等课程，应结合教学环节渗透中华优秀传统文化相关内容"。这样的改革思路也只是停留在课程建设和课程标准修订的过程中，这种在各个学科中"渗透"传统文化内容的做法，的确用心良苦，也确实发挥了一定的作用，但效果依然差强人意，远未达到传统文化教育的目的。

从传统文化的特点看，在不同学科中，通过"渗透"的方式开展传统文化教育，尽管能起到一定的教育作用，但难以取得很好的教育效果。究其原因，传统文化不仅内容丰富博杂，而且有自身的逻辑和体系，大到一个思想学派，小到一本原著、一部经典或者一篇文章，都具有自身完整的知识结构和逻辑体系，因此需要科学划分，合理编排，用心处理好细微之处，才能尽最大可能还原其内在的思路和严整。我们只有进行全面教育，才能从整体上把握它的思想内涵、价值意蕴和发展脉络。"渗透"的教育理念是一种对传统文化进行碎片化教育的简单思维，不能给青少年以传统文化的整体形象，也就无法吸收传统文化的营养精髓，因此必须有专门的、专业的、整体性的传统文化教育教材。学校青少年传统文化教育应设置成独立的必修科目，这样的最大好处是，基于课程和教学的系统性，能够进行整体规划，统筹组织，分层实施，螺旋上升，以确保传统文化教育目的的实现。而这样的教育目的，不可能通过学科教学偶尔地"体现"，或者零星地"渗透"就能完成，更不可能仅仅通过简单组织几次传统文化"体验之旅"的课外活动完成，这样掌握的不过是支离破碎的传统文化知识而已，而得不到传统文化的精神实质，也就自然缺乏一种文化的自觉和自信。

从学校教育教学的规律特征来看，在不同学科中"渗透"传统文化内容，是不符合学科教学规律的。学科化、专门化和科学化是学校教学的主要特征，学校在语文、历史、地理、音乐、政治等学科课程中渗透融入传统文化内容，而没有把传统文化教育作为一门专门的学科开展教学。如上所述，传统文化知识往往是整体性的、综合性的，涉及多学科知识，因此将它渗透融入到某一个或几个学科中去教学，这种碎片化的教学不可能形成对传统文化整体性、全景式的认识。传统文化在学校要成为专门独设的课程，"在今天，要传承、弘扬中华传统文化，就应该将传统文化教育作为一门独立课程纳入中小学必修课，这绝对必要"[①]。反观当下，学校青少年传统文化教育差强人意，从学科的角

---

① 徐梓. 中华传统文化应成为中小学教育的"正餐"[J]. 群言，2014(7):14-16.

度来看，是受到学校教育学科分割设置的负面影响。这种影响在学校文理分科上体现得非常明显，这种分科的做法更加不利于青少年传统文化教育，当前的传统文化教育内容大多分布在语文、地理、历史、政治等科目中，这直接导致理科生普遍接触的少，教育效果自然差。雷秋云在其 2011 年硕士毕业论文《青少年传统文化教育问题研究》中，对武汉 3 所文理分科中学 415 名学生传统文化相关方面做过调查，调查显示，理科生与文科生对传统文化的感情认识存在明显的区别，具体表现在：文科生对传统文化表示"喜爱"的占比超过 20%，表示"了解"的占比超过 40%，而选择"漠不关心"的占比超过 20%；反观理科生，对传统文化表示"喜爱"的占比不足 5%，选择"了解"的占比超过 20%，而表示"漠不关心"的占比高达 70% 以上。[①] 从上述数据可知，理科生对于传统文化的情感认知明显不如文科生。我们应该秉持这样一种教育理念，即传统文化教育既是一种通识教育，能够提升青少年科学文化水平和综合素养，同时又是一种情感教育，能够提升青少年的思想认知和道德素质。青少年时期是人的"拔苗孕穗"期，是世界观、人生观、价值观形成的关键时期，无论是文科生还是理科生，都需要接受基本的传统文化的通识教育。传统文化在学科中的分散和受到学科分割的限制，将严重制约青少年传统文化教育的有效开展。教育界应该把传统文化教育作为独立学科进行单设，面向所有青少年学生开展教育。

目前，解决传统文化教育课程和教材问题最有效的方式是传统文化校本课程的开发。国家有关部门很早就着手国学教材和传统文化教材的开发，如"十一五"规划课题《中国传统文化与当代教育》课题组于 2008 年完成的中国传统文化教材，北京师范大学教授徐梓主编的《国学》教材，成都市教育局委托四川师范大学编写的《成都市国学经典诵读读本》、人教版《中国传统文化教育全国中小学实验教材》，武文革、师艳阁编著的《中国传统文化课本：国学 ( 适用于基础教育阶段 )( 套装共 6 册 )》，山东省省编传统文化教材《中华优秀传统文化》，等等。有些学校则在传统文化教育实践过程中研发本校传统文化教材，极大地丰富了青少年传统文化教育教学资源，对青少年传统文化教育教学来讲是一种规范发展。以下将选择典型的传统文化教材进行介绍。

2000 年"十一五"规划课题《中国传统文化与当代教育》，课题组联合教育部基础教育司、师资教育司等多家机构和多位专家学者，针对当时中小学阶段中国传统文化教育没有课程整体规划、没有专业系统教材、没有专业教师队

---

① 　雷秋云 . 青少年传统文化教育问题研究 [D]. 武汉：华中师范大学，2011:16.

伍及没有教育科研体系等关键问题，开展中小学阶段传统文化教育理论研究、课程规划与学科设置研究、中小学专业系统教材研发、传统文化教育师资培训标准和学科教育科研教法研究等多层次课题研究与传统文化教学实验工作。该课题组于2008年完成标准化中国传统文化教程编写工作，成为首套"国学教育"全国校本教学实验教材，并随后在河北涞县、北京通州、江西上饶和山东桓台等地开展初期课题实验。

2009年秋季，由成都市教育局委托四川师范大学编写的《成都市国学经典诵读读本》在各中小学及幼儿园开始使用。教材篇目由国学专家和教育专家共同确定。从幼儿园到高中，整套教材分为6个阶段20个主题。以幼儿段课本为例，教材包括"孝父母""敬师长""亲朋友"三大主题，主题的确定是根据幼儿的成长环境和道德发展的阶段性、延续性特征。主题确定后，专家学者在传统文化中归纳选择出符合学生成长成才和思想道德水平的篇目。篇目与篇目之间存在内在的逻辑关系，体现教育教学的规律性，以便于引导学生由浅入深地学习。

2015年5月—2016年5月，山东省集中1000多位专家，以及中小学一线校长、教师，汇聚集体智慧研制了《山东省中小学德育课程一体化实施纲要》，以此规划出德育课程、学科课程、文化课程、实践课程"四位一体"的立德树人新格局。其中，出台的《山东省中小学中华优秀传统文化课程指导纲要》，是我国第一个面向中小学的"中华优秀传统文化"课程方案。依据这个《山东省中小学中华优秀传统文化课程指导纲要》，2016年9月23日，山东省教育厅发布了《关于公开受理传统文化课程教科书报审的通告》，面向全国开展相关课题申报，之后委托教育部基础教育课程教材发展中心组织专家对其进行了两轮评审，最终山东教育出版社、山东友谊出版社、山东文艺出版社、齐鲁书社、泰山出版社、济南出版社、青岛出版社、山东大学出版社和中华书局等9家出版社提交的包括小学、初中、高中共15个版本的教材通过了审查。这是由国家基础教育课程标准研制专家主持审查通过的全国第一套进入国民教育体系的中华优秀传统文化教材。传统文化课的这种"一纲多本"的局面，为各地市根据自身情况进行版本选择和具体实施提供了多种可能。如山东文艺出版社的小学一年级教材中，共分为5个单元，分别为"好学""孝亲""友爱""尊师""明礼"，在第九课《益友》中，有两则分别为《小儿语》"要成好人，须寻好友；引醇若酸，那得甜酒"和《论语·季氏》"友直，友谅，友多闻，益矣"。为了适应低龄学生的阅读，每个字上都标有拼音。从2017年秋季学期开始，山东省中小学全面启用《中华优秀传统文化》的相关教材，山东也成为全国首个在小学、初中和普通高中3个学段全面开设中华优秀传统文化教育课程的省份。

安丘市实验小学是山东省传统文化体验教育实验学校、"非遗传承"主题联盟主持学校。学校整体规划传统文化课程内容，开发传统文化体验教育多彩课程，在多年研究的基础上构建了"读—解—悟—诵—用"传统文化五步特色课堂教学模式，倡导"四化"教学法——诵读化、情境化、故事化、生活化；实施"全科渗透"策略，积极挖掘各学科蕴含的传统文化教育元素，在知识传授、能力培养、方法指导的同时，将传统文化教育纳入学科教学，实现全员全科育人。在抗击新冠肺炎疫情期间，安丘市实验小学积极探索疫情期间传统文化课堂教学，将传统文化教育纳入线上教学总体规划，精选学习材料，将传统文化教育融入线上学习和线下实践。以弘扬爱国主义精神为核心，以家国情怀教育、社会关爱教育和人格修养教育为重点，以"融入＋体验"的方式，全力打造传统文化教育新格局。学校开发了"启智怡情"诵读课程，精选国学经典诗文、红色诗词和经典故事，编写《国语雅韵》校本教材，开展国学经典普及教育。学校搭建"诵经典、写经典、唱经典、赛经典"展示平台，开展每天一读、每周一播、每月一写、每学期一赛"四个一"特色活动，让经典融入每个孩子的心田。开发"三正三雅"明礼育人课程，借助正言谈、正举止、正思想的"三正"系列常规活动，打造言谈文雅、举止优雅、思想高雅的"三雅"学子。抗击疫情期间，学校借助云升旗、云班会、红领巾广播站等少先队活动和以"众志成城战疫情，相约春天共成长"为主题的"四个一封信"活动，让学生接受爱国教育、生命教育、感恩教育和规则教育，切身体会家国情怀，明确责任担当。

## 三、学校开展青少年传统文化教育存在的问题

### （一）应试教育背景之下的功利性教学

传统文化素养是青少年综合素养的重要组成部分，当前青少年教育正从应试教育向素质教育迈进，但总体来讲，在教育过程中虽然强调了素质教育，社会应试教育的功利性价值理念在青少年教育中尚未根除，包括传统文化教育在内，青少年教育被深深打上了应试教育的功利性教学烙印。青少年传统文化教育的功利性价值取向主要表现在两个方面。一方面，在中高考升学的指挥棒的指引下，学校教育更多地倾向于知识与技能的传授，学校为了在升学考试中获得不错的名次、考上更多的学生，往往将更多的教学时间留给语文、数学、英语、物理、化学等这些在升学考试中占很大比例的课程，而忽视了将中华优秀传统文化融入学校教育的体系中去，出现重"育分"轻育人、重智育轻德育的现象，

严重影响了青少年身心健康和全面发展。另一方面，在功利性教学理念的影响下，传统文化教育被异化为"传统文化知识"教育，学校开展传统文化教育的目的同样是为了让学生掌握传统文化知识，以便在升学考试中获得较高的分数，在这样的背景下，传统文化教育的目的被异化为升学考试，传统文化中蕴含的德育价值被忽视甚至摒弃，直接导致青少年传统文化教育内容极少、方式刻板、途径单一，相关教育精品资源非常有限。青少年传统文化教育存在功利性价值取向，导致青少年传统文化教育和积淀与青少年的全面发展和成长不相适应，传统文化教育尚未引起全社会的高度重视。

随着社会的广泛进步和技术的飞速发展，人类社会进入了全球化、信息化和网络化时代，各种现代信息传播方式纷呈、迭代发展，网络化的极大便利促使青少年获得信息的途径和方法多元化、便捷化和可视化。网络已经成为青少年接受社会信息、获得认识感受的主要方式。这种开放式的信息环境一方面为青少年学习和生活带来了极大的便捷，但也带来了诸多深刻的负面影响，如多元思想影响下网络出现了一些不良思想，如唯利是图、享乐主义、泛娱乐主义、个人主义、拜金主义充斥于网络，这些不良思想严重毒害了青少年的健康成长。无论是生活方式，还是为人处世之道，很多青少年盲目追求西方文化，漠视甚至摒弃我国自古以来的一些优秀传统思想、伦理道德，使传统文化教育遭遇冰期。

### （二）学科"渗透"式传统文化教育违背教育规律

如上所述，目前我国学校开展传统文化教育的基本方式是在学科课程教学中"渗透"传统文化的相关内容。但不管是从传统文化整体性、综合性的特点来看，还是从学校教育的目的是促进人的全面发展的教育本质来看，传统文化这种"渗透"式教育方式是不可取的，或者是不能取代作为对立性、专门性的传统文化教育课程的地位和作用。学科化是学校教学的基本特点，只有将传统文化教育学科化，才能系统挖掘和整理传统文化的精神实质，通过教学的方式迁移到受教育者身上，最终在推动受教育者综合素质和思想道德水平提高的同时促进传统文化教育的科学化发展。

"渗透""参与"式教育方式违背学科的科学化发展规律。学校采取学科划分的方式组织教育教学，可以说，学科化是学校教育的基本特点。只有把一定内容的教学通过学科化的手段上升为一门学科、一门课程，才能系统有效地挖掘整理相关资源、科学组织开展教学、对教学效果进行有效评价，并进一步促进学科的发展。但反观当前青少年传统文化教育，学校将传统文化内容"渗透"

在语文、地理、历史、政治等科目中，传统文化内容通过"参与"的方式完成自己的教育使命，学校没有把传统文化作为一门专门性、独立的学科，而是作为分散的、零碎的知识进行教授，这显然不利于传统文化教育的系统化、科学化教学，教育效果是显而易见的，这就违背了学科的科学化发展规律。

"渗透""参与"式教育方式违背了青少年全面发展规律。当前，青少年传统文化教育功利化倾向严重，在很大程度上是"传统文化知识"教育，并没有将传统文化学习上升到推进素质教育的意义层面，发挥不出传统文化伦理道德教育的先天优势，忽视了青少年的心理发展和认知特点。中国古代教育在很大程度上可以说是伦理道德教育，教育即德育，德育即教育，因此可以说中华优秀传统文化承担着德育的功能，但在当前功利性教学的价值引导之下，青少年传统文化教育虽然继承了古代汉语阅读和写作的传统，但这种诵读和默写的主要目的却是为了应试。学校通过片面要求学生大量背诵经典篇目的方法来扩大学生的传统文化知识量，导致学生对很多古诗词、经典篇目不求甚解，其中蕴含的伦理道德基本被抛在脑后，这违背了青少年在"拔苗孕穗"的关键期要注重道德发展的教育规律，同时重智育轻德育的传统文化教育倾向违背了青少年全面发展规律，不利于青少年成长成才。

（三）教育途径上不重视诵读

传统文化教育重在通过意会古代典籍一词一句间的思想与智慧来对伦理道德耳濡目染。传统文化教育应重视诵读经典篇目。学校实施青少年传统文化教育，一方面需要教师的传道授业式的讲解，另一方面也需要学生诵读体味，即学习传统经典要提倡读出声来，反复诵读，抑扬顿挫地读。古汉语的音节分明，声调抑扬顿挫。因此，经典名篇非常有必要诵读，而且非常适合诵读。在诵读过程中可以展现古代贤人思想的睿智与人格的高尚，体验经典名篇强烈的美感与乐感。但反观当前的传统文化教育，除了专门进行传统文化教育的独立办学机构或者国学社外，普通中小学大多轻视甚至漠视古文诵读，在传统文化教学课堂中很少听到琅琅书声，存在诵读严重不足的问题，这种现状亟需改变。

诵读是自古有之并被实践反复证明效果显著的教育方法和学习方法。东晋陶渊明曾描述自己读书的情形："好读书，不求甚解，每有意会，便欣然忘食。"苏东坡亦有诗云："旧书不厌百回读，熟读深思子自知。"这些都说明学习经典的要领是"百回读"。诵读经典篇目可以体会古代汉语经典的节奏感，品味其中的情趣和韵味。青少年处在心智发展和情感发展的关键期，通过诵读经典名篇，可以增强青少年记忆力，提高语言文字能力，诵读能够积累语言素材，培养语感，以此可以提升写作水平和人格修养；可以扩大知识面，开阔眼界，培养学习兴趣，提高审美能力，增强自信心；可以丰富语言积累，提高感悟能力、审美情趣和文学素养等。总之，诵读传统经典篇目，受益终身。

当前，教育的功利性导致教育活动日益浮躁，传统文化也受到波及。传统文化教育本应该心平气和、从容不迫，但社会快节奏致发的快餐文化用标新立异的标题、随意编造的情节、夸张的表现形式和令人炫目的色彩侵蚀传统文化教育，使得传统文化常常被主观改造，失去了其本来面貌。例如，种种"戏说"随意剪裁、拼凑历史，误导青少年群体对传统文化的基本认知，使得青少年不能感受到传统文化的真正魅力。为此，在功利主义倾向背景下，更要提倡诵读传统文化的经典名篇，在青少年与传统文化之间构筑一座沟通之桥，剥离社会泛娱乐化强加给传统文化的"戏说"魅影，让传统文化更加清晰化。诵读经典要以平和亲近的态度，"最好的方法，就是把背诵古诗的教学，当作一门唱歌的课程来教，要孩子们只像唱歌一样地吟诵古诗"[①]。以此提升经典诵读的趣味性和愉悦感，从而使得青少年在经典诵读中获得心灵上的满足感和丰厚感。

# 第三节　社会和家庭教育中青少年传统文化教育的主要形式

《完善中华优秀传统文化教育指导纲要》主要就学校如何开展传统文化教育进行部署和指导，基本没有涉及家庭和社会教育中如何开展传统文化教育。从青少年活动的场域来讲，学校、家庭、社会构成了青少年所有活动场域，青少年教育来源于这三个场域，由此形成了学校的、家庭的和社会的教育形态。学校教育是青少年传统文化教育的主要形态，但不是唯一场所。这一方面是由于传统文化教育本身就是一个系统，其内容丰富、涉及面广，既需要理论教育，也需要实践体悟和践行。另一方面，社会和家庭作为另外两个教育场域，本身拥有丰富的教育资源，也由此形成了青少年传统文化教育的社会形态和家庭形态。

---

① 　冷玉斌 . 做适合儿童的传统文化教育 [N]. 中国教育报，2014-10-9（009）.

## 一、社会教育中开展青少年传统文化教育的主要形式

中共中央办公厅、国务院办公厅印发《国家"十三五"时期文化发展改革规划纲要》指出要"完善中华优秀传统文化教育，加强中华文化基因校园传承""普及中华诗词、音乐舞蹈、书法绘画等，举办经典诵读、国学讲堂、文化讲坛、专题展览等活动。鼓励媒体开办主题专栏、节目。利用互联网，推动中华优秀传统文化网络传播"。

### （一）社会要发挥青少年传统文化教育的平台作用

#### 1. 要依托社会教育力量和公共资源，开辟青少年传统文化教育阵地

主要做法有以下几个方面：一是进一步强化和巩固学校的育人功能。主要通过明确学校传统文化教育的主渠道地位，以此在社会上营造强化和巩固学校的育人功能的社会氛围。二是进一步发挥家长学校、家校合作机构的重要作用，引导广大家长重视传统文化在家教中的作用，进而引导家长加强对子女的传统文化教育的意识，增强传统文化教育的能力。三是要建立以发挥社区辐射优势为中心的社区青少年服务中心，通过加强青少年社区服务中心传统文化建设力度来为社区学生开辟传统文化教育第二课堂和实践外化中心。青少年学习获得的知识、技能将会在社区实践中得到锻炼和验证，青少年娱乐休闲、社交学习、情感交流、健康锻炼可以在社区活动中实现。要以学校之外的第二课堂为阵地，开展社区传统文化教育、宣传和实践活动，最大限度地发挥社区覆盖面广和辐射范围大的教育优势。四是充分发挥公共资源的教育优势，利用区域图书馆、展览馆、博物馆、青少年宫、主题公园等公共设施的承载、辐射和文化功能，向广大青少年传播传统文化知识、开展传统文化教育实践活动。

#### 2. 要加强社会传统文化场馆和中心建设，为青少年提供专门的传统文化教育基地

《国家"十三五"时期文化发展改革规划纲要》指出要传承弘扬中华优秀传统文化，要通过"普及中华诗词、音乐舞蹈、书法绘画等，举办经典诵读、国学讲堂、文化讲坛、专题展览等活动。鼓励媒体开办主题专栏、节目。利用互联网，推动中华优秀传统文化网络传播"。新时代传统文化教育需要创新发展，需要全社会的力量形成育人合力，发挥全社会的力量共同推动。传统文化教育本身的系统性、综合性和整体性特征，决定了传统文化教育需要系统推进，既需要学校传统文化理论教育，也需要社会各界力量共同营造传统文化教育氛围、发挥传统文化教育功能、开展传统文化教育活动，更需要推动传统文化教育的科学化和系统化发展。这就要求学校、社会和家庭各自发挥作用，共同推动传

统文化教育的科学化发展。对于社会教育而言，就是要加强社会传统文化场馆和中心建设，增强社会传统文化教育的专业性、综合性和系统性，为青少年提供专门的传统文化教育基地。

具体做法有：除了要强化和拓展诸如动物园、科技馆、游乐场所等公共场所的文化建设之外，应加大力度建设传统文化主题场馆，突出传统文化的整体性，全景式地展示中华优秀传统文化的内涵本质、精神实质、主要形态、发展沿革等，让青少年全方位、宽领域、专业化地接受传统文化教育。要整合社会德育和传统文化资源，为青少年提供传统文化教育基地和健康、专业、综合性的校外活动场所；充分发挥各类教育基地的作用，如博物馆、展览馆、纪念馆、烈士陵园等爱国主义教育基地，要继续开发和加大建设，扮演好各自在传统文化教育中的角色。

**3. 要依托文化管理部门、宣传部门、总工会等部门开展传统文化主题教育活动**

传统文化在全社会的表征集中体现在中国传统节日和纪念日上，如春节、清明、端午、中秋、重阳、孔子诞辰等节日和时间节点。在上述中国传统节日到来之际，文化管理部门、宣传部门、总工会等部门以广大群众和青少年喜闻乐见的形式，开展传统文化教育活动和伦理道德体验活动，引导青少年在欢乐愉悦的氛围中了解中国传统文化、民俗风情和传统美德，切身感受传统文化的独特魅力。在青少年群体中广泛开展优秀传统文化普及宣传活动，如经典诵读、诗词大会、国学讲堂、专题展览等活动，以此培养青少年的思想道德、审美情趣和精神境界。要加大对传统文化的开发、利用和保护力度，如恢复开展、深入挖掘民俗活动，营造保护传统民俗的社会文化氛围。要加大对传统文化内涵的挖掘和整理、阐发和宣传工作，编写有关书籍，科学利用互联网数字技术，将传统文化进行数字化处理和保存，以便传统文化的传承保护、宣传使用。要加大对文化社团组织的管理、引导和服务工作，以鼓励其投入到传统文化保护、发掘、传承和创新发展上来。

（二）社会教育力量和公共资源开展青少年传统文化教育的实践探索

有效开展青少年传统文化教育，离不开社会教育形态的合力作用。青少年传统文化教育既要发挥学校主阵地和主渠道的作用，又要加强家庭、社会与学校系统教育的配合。江西省在贯彻《新时代爱国主义教育实施纲要》精神时，大力加强新时代爱国主义教育，结合江西实际，一方面大力推进红色基因传承，培育和践行社会主义核心价值观，组织开展主题鲜明、形式多样的爱国主义、集体主义、社会主义教育。深入宣传阐释跨越时空的井冈山精神、苏区精神和长征精神，加强全省红色文化资源保护利用整体规划，实施革命文物陈列展览精品工程、革命文物宣传传播工程等，实施传承红色基因教育培训计划。深化"红色基因代代传"品牌项目，推动建立红色基因传承长效机制。将党史、新中国史、改革开放史列入学习教育计划，引导人们深刻认识我们国家和民族从哪里来、到哪里去，坚决反对历史虚无主义。大力宣传弘扬伟大创造精神、伟大奋斗精神、伟大团结精神、伟大梦想精神，生动展示赣鄱儿女在新时代的新实践、新业绩、新作为。另一方面，推进赣鄱优秀传统文化传承创新，通过深入挖掘陶瓷文化、书院文化、戏曲文化等江西优秀传统文化，大力实施赣鄱优秀传统文化保护与传承工程，扎实推进景德镇国家陶瓷文化传承创新试验区建设，推动赣南客家文化、吉安庐陵文化等优秀传统文化创造性转化、创新性发展；积极组织开展优秀传统文化教育普及活动，引导人们树立和坚持正确的历史观、民族观、国家观、文化观。鼓励媒体打造弘扬江西优秀传统文化的品牌节目，加强优秀传统文化的全媒体传播，引导人们自觉延续文化基因，增强民族自尊心、自信心和自豪感。另外，增强传统和现代节日的涵育功能，深入开展"我们的节日"主题活动，以春节、元宵、清明、端午、中秋和重阳等传统节日为重点，组织开展具有江西特色的民俗文化活动，引导人们特别是青少年感悟中华文化、增进家国情怀。①

　　山东作为中华文明的发祥地之一、中国思想史"轴心时代"的重心、儒学的发祥地和传播中心、传统的礼仪之邦，历来高度重视并引领传统文化教育，"加强对中华优秀传统文化的挖掘和阐发""坚定传承红色基因"。习近平总书记对山东弘扬优秀传统文化、传承沂蒙精神等红色文化高度重视，多次作出指示要求。为了落实好总书记重要指示要求，山东以习近平同志新时代中国特色社会主义思想为指导，制定出台了一系列规划、方案。2017年9月，山东出台《山东省传承发展中华优秀传统文化工作方案》，明确提出山东"要在中华优秀传统文化传承发展中当好排头兵"，到2025年，基本形成中华优秀传统文化传承发展体系，构建中华优秀传统文化研究阐发体系、普及教育体系、实践养成体系、保护传承体系、传播交流体系。方案从"两区三带"文化区域建设、八大工程出发，作出具体安排。围绕"传承红色基因，弘扬沂蒙精神"，2017

---

① 江西省贯彻《新时代爱国主义教育实施纲要》的若干措施 [N]. 江西日报，2020-6-2（008）.

年8月，山东省印发《关于大力弘扬沂蒙精神的意见》，提出从深化研究阐发、创新宣传普及、推进教育传承、融入党的建设等方面进行推进。"沂蒙"题材文艺创作随之蓬勃发展，红色主题旅游线路随之火爆，党性教育品牌随之叫响。传统文化的传承弘扬，核心区域在曲阜。2018年1月，山东省发布《曲阜优秀传统文化传承发展示范区建设规划》，计划到2020年基本建成引领风尚、服务社会、推动发展和促进文明交流互鉴的文化高地，到2030年建成具有国际影响力的首善之区和世界东方精神家园。其中，对于"大力推动尼山世界文明论坛加快走向全球，引导世界更加全面客观地认识中华文化和当代中国""建设文明交流交融的桥梁纽带"等内容的表述，体现了在提升中华文化影响力方面的山东担当。让文化的基因融入生产、生活，让文化"新"起来、"活"起来、"兴"起来，焕发活力和生机。山东省通过多种方式，让优秀传统文化进教材、进课堂、进社区，推广善行义举"四德榜"，用好历史文化和革命文化资源涵养干部政德，打造有全国影响力的"干部政德教育基地"。[1]2018年，山东省举办世界儒学大会、尼山世界文明论坛，创新推动实施沂蒙精神传承展示工程，举办沂蒙精神与新时代党群关系理论研讨会、推进中华优秀传统文化创造性转化创新性发展理论研讨会。2019年12月9日，山东省优秀传统文化体验教育第四届年会暨传统文化公开课观摩会在东营召开。会上由山东省教科院倡导的山东省传统文化教育主题联盟正式成立。该联盟主要分为10个主题，有中华诗教、中华经教、中华乐教、书法教育、数字国学、非遗传承、地域文化教育、传统文化戏剧课程、传统文化研学游、红色基因传承等部分。省内的千余所学校加入山东省传统文化体验教育主题联盟。山东省传统文化教育主题联盟的成立，将有效地集结各学校的优质教学资源，实施跨学校、跨区域的横向交流，实现中华优秀传统文化在现代教育体系中的有效传承和健康发展。这是山东省教科院协力推进全省传统文化教育发展又一个全新举措。[2]

---

① 赵琳，刘兵，张依盟.山东：要在中华优秀传统文化传承发展中当好排头兵[EB/OL].（2019-02-25）[2020-07-01].https://sd.dzwww.com/sdnews/201902/t20190225_18428215.htm.

② 齐鲁网.山东传统文化体验教育主题联盟成立 传统文化教育发展创新举[EB/OL].（2019-12-12）[2020-07-01].https://www.360kuai.com/pc/9c95faf3606dda0a6?cota=3&kuai_so=1&sign=360_57c3bbd1&refer_scene=so_1.

（三）社会教育力量和公共资源开展青少年传统文化教育的问题与建议

总体来讲，传统文化已经受到社会各界的广泛关注，全社会形成了弘扬传统文化的良好氛围，传统文化教育在社会各领域呈现出良好的发展态势，这是可喜之处。我们同时也看到，社会教育力量和公共资源在传统文化教育方面的关注度重视度、资源开发、科学汇编、科学使用和教育投入的情况还不乐观，需要加强。

**1. 各级地方政府相关部门对青少年优秀传统文化教育重视不够**

青少年传统文化教育是一项系统性、长期性和循序渐进的工程，需要发挥社会各界的育人合力才能完成。因此，各级地方政府相关部门在工作实施前，必须做好顶层设计和科学的规划。但反观实施现状，各级政府部门并没有把传统文化教育工作的短期目标和长期目标有效结合起来，往往注重眼前的短期效应，而忽略了对长期目标的分析和部署，最终导致青少年传统文化教育工作呈现孤立性的阶段性特点，工作链条脱节、衔接不畅，教育效果自然无法保障。一些部门和单位在开展工作时，存在着重形式多样、轻实际效果；重宏观实施、轻细节打磨；重利益追求、轻责任把关等倾向，搞"运动"式工作，只求表面上的轰轰烈烈，寄希望于各种工作方式、手段的更新，而忽视了对传统文化内涵的深化。这些不良倾向的存在，使得一些地方青少年传统文化教育工作流于形式、浮于表面，结果必然出现"运动一过，工作如初"的尴尬窘相，教育效果可见一斑。为此，传统文化教育应加强顶层设计和整体推进，要层层压实主体责任，同时应引导和强化传统文化客体研究，在经费、政策、制度等方面予以支持。

**2. 社会传媒对优秀传统文化的宣传报道不够**

传统文化只有走上大众化道路，形成良好的传统文化氛围才能提升传统文化教育的效果。因此，对传统文化的宣传报道就显得尤为重要。当前，随着经济社会的进步与发展，以信息互联网技术为支撑的媒体融合态势极大地提高了我们对于整个社会的认知水平。但当前社会上各种媒体对于弘扬优秀传统文化教育的宣传报道却呈现出力度不够、手段不新、产品创新不够、效果不佳的特点。有些媒体甚至为了争取受众，追求利益最大化，传媒报道和节目追求快餐化、娱乐化、浅表化，节目粗制滥造，质量一般，只为博人眼球。相对于娱乐性质的内容，由于媒体的议题设置引导，人们对传统文化的关注比较少，社会上自然也就很难形成学习传统文化教育的良好氛围。市面上相当一部分传统文化读物粗制滥造、晦涩难懂，无法吸引青少年群体的阅读兴趣和阅读偏好。社会传媒的宣传活动也往往只呈现出传统文化的粗线条，没有进一步链接跟进，缺乏教育主题和系统性，其影响力自然是有限的。同时还存在影视作品和网络作品对传统文化进行肆意裁剪嫁接、主观臆造，使得传统文化面目全非，呈现出泛娱乐化倾向，任意误导青少年对传统文化的认知，产生了极坏的示范作用。在现实生活中，不管是传统媒体如在公交车站、地铁站、火车站等公共场所，我们随处可以看见各种商品、房产、电影、明星宣传广告，还是新媒体如"两微一端"等很少看到关于优秀传统文化的深入宣传和报道。为此，我们应该加强对社会大众传媒的引导和监管，努力构建良好的传播氛围，让青少年在日常的学习生活中随处、随时受传统文化的熏陶，从而促进自身思想道德水平的提高。

## 二、家庭教育中开展青少年传统文化教育的主要形式

家庭教育对孩子的影响是潜移默化的，是影响终身的教育。家庭教育形态是青少年教育的重要组成部分，家庭教育在促进青少年身心发展、支持配合学校教育、促进社会文明进步等方面发挥着重要作用。重视家庭德育是中华民族的优良传统，青少年时期正是人的价值观形成的关键时期，其思想品德可塑性很强，我们要将中华民族特有的传统美德融入日常情态之中，通过家长们的言传身教对学生进行教育，加强学生品德修养。青少年传统文化教育的家庭教育形态有其独特的、系统的开展形式。

### （一）"人伦日用"：在日常生活中实现青少年传统文化教育

家庭教育是传统文化教育的重要一环，其教育的侧重点是实现传统文化中思想道德的"人伦日用"，重在发挥传统文化对青少年美好道德品质和人格健全的重要作用。在古代，教育即德育，古代教育在本质上来讲就是实现"人之为人"的教诲活动。为此，在当今家庭教育中，受传统文化教育的影响，其教育重点也是围绕如何培养人、教人做人，教育内容以养成青少年良好行为习惯、道德规矩和为人处世为核心。中国传统文化影响家庭教育原则和教育方法的形成，很重视对儿童实行早期教育，重视社会大环境对青少年成长的影响，重视诚实做人的教育，重视良好行为习惯的养成。在教育方法上，古代家庭教育提倡要遵循青少年身心自然发展的规律，在此基础上循循善诱、因势利导地开展辨别善恶好坏、尊老爱幼、诚实守信、勤劳勇敢的教育，并兼以体罚的教育方法，倡导身教重于言教、身体力行、德育为先、甄别善恶、奉圣贤为师。传统教育更是一种实践性或者生活化的教育，教育的目的是最终实现"人伦日用"的价值追求，促使受教育者自觉养成社会所要求的道德规范，达到"化人"的目的。

当前家庭传统文化教育，归根到底是教人为人处世、道德化人，教育方法也是遵循古法，注重在日常生活中养成教育，实现"人伦日用"的目的。

为了实现"人伦日用"的教育目的，家庭教育一般采取蒙学、传统艺术培训和诵读古典等方式来实现。家庭教育与学校教育和社会教育是分不开的，家庭教育一般可以分为学前教育与学龄教育。在学龄教育前后，家庭教育一般开展蒙学教育，即培养儿童识字和写字的能力，引导儿童养成良好的日常生活习惯，使其能够具备基本的道德伦理规范，并且掌握一些基本文化尤其是传统文化常识，以及日常生活的一些常识，起到启蒙开化的作用。在学龄期，家庭传统文化教育主要采取让孩子学习传统艺术或者技艺的方式进行，如给孩子报各种各样的传统文化兴趣班或者培训课，二胡、古筝、传统声乐、汉服社、传统文化公开课等，让孩子在学习中领略传统文化的魅力。另外，家庭传统文化教育最主要的形式还包括诵读传统文化经典名篇，如四书、五经、四大名著等，在与经典的对话中陶冶青少年情操。

## （二）家庭教育中开展青少年传统文化教育的理论与实践探索

家庭是人类实践生活的最基本单位，父母的言行对孩子的成长具有潜移默化的影响，而家庭教育对优秀传统文化传承和孩子品德培养发挥着学校教育和社会教育无法替代的作用。[①] 近年来，国内学者已对如何加强优秀传统文化教育和如何加强家庭教育进行了大量研究。也有学者对如何在家庭教育中促进优秀传统文化的传承进行了研究，同时，有学者对家庭教育对优秀传统文化教育重视程度的影响进行了探讨。相关研究都是立足于当前家庭教育中传统文化教育的现状展开的，具有很强的问题导向性，同时也从理论和学理层面对如何进一步优化家庭传统文化教育、如何从家庭教育的角度推动传统文化传承发展进行了卓有成效的探索。

在实践探索方面。2012 年 11 月 18 日，由浙江省妇联、浙江省社会科学界联合会、浙江省家庭教育学会主办，新东方教育科技集团、家庭教育杂志社协办的"海峡两岸中华民族传统文化与家庭教育"论坛在杭州隆重举行，600 余人参加了论坛。[②]2019 年 8 月，山东济南天桥区"家庭教育指导种子教师"研

---

① 崔美丽，马菁池.优秀传统文化教育与家庭教育的融合机制研究——基于山东省鱼台县的调研 [J]，基础教育参考,2019,10:13.

② 周文,陈童."海峡两岸中华民族传统文化与家庭教育"论坛在杭召开 [EB/OL].（2012−11−18）[2020−07−01].http://news.cntv.cn/program/difangminglan/20121118/104264.shtml.

修班在山东师范大学校园开幕。山东师范大学特聘教授、文学院博士生导师、山东省文化建设研究基地首席专家魏建教授作了《中华文化传统与家庭教育》的专题报告，他指出：古代中国家庭教育传统与中华文化的经久不衰是跟古代中国家庭教育传统的优长密切相关的。重视文化经典、家族文化、道德修养和家国关联，使我们中华文化成为世界上唯一没有断裂的古代文明。但古代中国家庭教育传统在显示自身优势的同时，也存在诸多不足，例如，教学内容、教学方式、教学过程和教育结果的成人化等。伴随着现代中国文化新传统与家庭教育的紧密结合，大量来自西方的、激进主义的、崇尚"进步"的新传统对家庭教育作出了贡献，但有得就有失，有贡献就有局限。魏教授认为，宠爱逐渐合理化、自私日益合法化、崇洋媚新大行其道、丛林法则深入人心等，正在使我们的儿童成长偏离正确的方向。为此，魏教授认为，当今中国好爸爸的标准应该是有较多的读书和亲子交流时间，有作为孩子榜样的形象，有恰当的惩罚孩子的方法；当今中国好妈妈的标准是有较多的读书时间，对孩子的事情更加放手，对失败有较高的宽容程度，遇事能设想多种可能；成长较好的孩子，既有广博的阅读量，又有对他人的爱心，较低的物质欲望，以及有让自己快乐的能力。[①]2019 年 11 月，由山东省社会科学界联合会主办，曲阜师范大学、泰安市社会科学界联合会、宁阳县委宣传部承办，曲阜师范大学社科处、曲阜师范大学孔子文化研究院、曲阜师范大学青岛恒星研究院、宁阳县社科联、山东华宁集团、周公嘉禾文化研究院协办的"弘扬优秀传统文化与家庭家教家风建设暨周公嘉禾文化研讨会"在宁阳成功举办，来自复旦大学、南开大学、北京师范大学、南京大学、山东师范大学、曲阜师范大学等高校科研院所的专家学者及传统文化爱好者 200 余人参加，深入探究中国优秀传统文化中蕴含的丰富思想智慧及与家教家风的关系。山东社科论坛是山东多层次、常规性、社会化的大型公共交流平台和标志性学术品牌，专家学者和传统文化爱好者以此为平台，大力宣传习近平总书记关于家庭、家教、家风建设的重要论述，实现传统家风文化的创造性转化、创新性发展，使其成为国家发展、民族进步、社会和谐的重要基点。[②]

在理论研究方面。寒冰在论文《将国学慢热心炖——从＜弟子规＞看中国

---

① 济南天桥教育.文化传统浸润下的家庭教育探究——天桥区家庭教育指导师种子教师培训 [EB/OL].（2019-08-22）[2020-07-01].https://www.sohu.com/a/335653324_723247.

② 刘娜，刘晨.社科论坛"弘扬优秀传统文化与家庭家教家风建设暨周公嘉禾文化研讨会"举办 [EB/OL].（2019-11-11）[2020-07-01].https://skc.qfnu.edu.cn/info/1002/2868.htm.

传统文化在现代家庭教育中的运用和发展》，以《弟子规》为例，从家庭环境、亲子关系、品德修养和生存目标四个方面，阐述了中国传统文化在现代家庭教育中的运用和发展，最终得出了要将国学"慢热精炖"、与时俱进，以契合现代家庭教育的需要的结论。高仕恒（2011）在《把传统美德融入家庭教育》中指出，学校在传统美德教育中，离不开家庭的配合和支持，为此，提高家长对传统美德的认识，充分发挥家长的榜样作用，是做好传统美德教育的基础，是提升其道德素质的关键。崔美丽、马菁池（2019）在《优秀传统文化教育与家庭教育的融合机制研究——基于山东省鱼台县的调研》中指出，研究分析不同类型家庭对优秀传统文化教育的重视程度，并提出进一步发挥家庭教育对弘扬优秀传统文化的作用的建议是当前传统文化教育研究的一个重要选题，该研究以山东省鱼台县作为调研区，鱼台县被誉为"孝贤故里"，"芦衣顺母""五里三贤"等佳话皆源于此。县内有闵子祠、樊迟墓、常李寨孝贤民俗文化村、武棠亭遗址、文庙大成殿等多处蕴含优秀传统文化的遗迹，一年一度的孝贤文化节更是推动了优秀传统文化的传承。研究结果指出，样本家庭总体来讲对优秀传统文化教育的重视度较低，而影响家庭进行优秀传统文化教育的因素主要有家长教育水平、家长对优秀传统文化的认知度、家庭教育理念、学生学段、居住地优秀传统文化的氛围，以及当地政府的重视度，为此研究从家长加强优秀传统文化学习及树立正确的教育理念、分学段教育、增强孩子的亲身体验、政府要加强对优秀传统文化教育的重视等几方面给出家庭教育传承中华优秀传统文化的重要路径。[①]

## （三）家庭教育中开展青少年传统文化教育的问题及建议

### 1. 家庭教育对传统文化重视不够

随着社会的广泛进步和时代的不断前进，我国家庭教育也发生了很大变化，其中家庭教育中优秀传统文化传承问题就是比较突出的一个方面，集中表现在对优秀传统文化不够重视。究其原因，主要是受到外来文化和不同思想交融的影响。国内有些教育者在教育教学中一味地推崇学习西方文化而漠视了传统家庭教育对学生的影响，再加上网络世界中的一些相关信息，在很大程度上影响了一些家长对家庭教育的认识和定位。还有一部分家长自身就缺乏对中国优秀传统文化的系统了解，对哪些是传统文化、如何学习传统文化都搞不清楚，更谈不上去传承中国传统文化了。同时，受到全球化背景下外来文化的影响，"出

---

① 崔美丽,马菁池.优秀传统文化教育与家庭教育的融合机制研究——基于山东省鱼台县的调研 [J],基础教育参考,2019,10:13-15.

国热"也逐渐兴起并成为很多家长的教育选择，这对于家庭教育中传承传统文化无疑是巨大的打击，当前相关部门应全面考虑针对选择不同教育方式和途径的青少年群体如何开展传统文化认同教育。

### 2. 家庭教育偏离中国优秀传统文化的传承

中华优秀传统文化之所以传承至今历久弥新，是因为其深深扎根于社会土壤当中，成为民众日常生活的一部分。但反观当前传统文化传承，最恰当的表述应该叫"传统文化知识"传承，渗不进血液，融不进生活，进不了头脑，传统文化只是家庭教育中根据需要"参与""渗透"式的教育，这种传承是无效的。就当下家庭教育来看，依然存在拔苗助长、放任自流的教育学风，这也是导致家庭教育偏离中国优秀传统文化传承的重要因素。[①] 首先，很多家长在对孩子进行家庭教育时功利性过强，将所有目光停留在子女的学业成绩上，重智育轻德育，很大程度上忽视了对子女的心理健康、道德品质和社会责任心的培育。其次，很多家长在进行家庭教育时总是溺爱孩子，将孩子当成家中的"小公主""小皇帝"。在开展家庭传统文化教育时，选择性地选取教育内容，但对于诸如劳动教育、吃苦耐劳、奋斗精神教育却视而不见，生怕苦了孩子、累了孩子，这样的割裂式、管中窥豹般的教育方式，不可能使孩子接受系统性的传统文化教育，形成良好的思想道德素质，只会使孩子变得没有规矩，无法无天，道德认知出现障碍，从而很难在家庭教育中更好地传承中国优秀传统文化。

### 3. 家长自身中国传统文化修养不够

家庭教育中传统文化教育的关键在于家长传统文化教育能力和教育素养如何。家长是孩子的第一任老师，其自身的综合文化素质和道德修养对孩子的道德认知发展和成长成才有着至关重要的影响，一名合格的传统文化教育家长应不断加强自身的中国传统文化修养，具备传统文化教育能力和教育素养。但在现实家庭教育中，很多家长的传统文化修养不够、能力不强，在教育孩子时难免会出现本领恐慌。还有些是受到自身文化背景的影响，如家长自身接受的是西方文化，其本身就无法对中国传统文化进行科学理解和情感认同。基于上述原因，家长在对孩子进行家庭教育时，由于自身缺乏对中国优秀传统文化必要的认识和理解，就更不可能通过家庭教育进行科学有效的传统文化教育，传统文化的传承自然成为一句空话。

---

① 杨雪松.在家庭教育中传承中国优秀传统文化 [J].吉林广播电视大学学报，2016（12）：129.

　　现代家庭教育，一定要将"成人"作为青少年家庭教育的核心，即培养他们完善的人格、高尚的道德、健康的身心，切实改变只注意孩子的"成材"而忽视做人教育的功利主义倾向。现代家长，要重视孩子良好道德品质和文明素养的养成，将爱国守法、孝敬父母、诚实守信、团结友爱、立志勤学、勤劳节俭、友爱他人等中华民族传统美德的教育置于认知教育之前。对此，家长对传统文化的认知度、熟悉度和认可度会影响到青少年传统文化教育，这可以通过加强学校与家庭的合作方式来解决，如学校可以组织传统文化主题家长会，教授家长育人方法，指导家庭传统文化教育，交流学生教育心得体会，以此创新现代家庭教育伦理和方法。当代家庭教育，更需要家长将言传与身教相结合，注重在日常生活的一言一行中践行家庭教育的内容，让青少年参与到传统文化习惯养成当中，感受到熏陶和浸染，达到"人伦日用"的目的，真正内化于心、外化于行。同时，家长们也可以通过参与诸如古典文学沙龙、传统服饰美学研究、古典戏曲欣赏等活动或者培训班，以此增强自身传统文化认知和体悟，进一步促进教育观念的转变和亲子关系的调适，从而增强家庭优秀传统文化教育的效果。

# 第五章　新时代青少年中华优秀传统
# 文化教育的转型要求

　　社会转型是一个漫长的过程，从根本上讲，是由传统型社会向现代型社会转变，而每当社会孕育转型的时候，文化问题总是被推到前面，成为人们热衷讨论的对象。社会转型最根本上是文化的转型，而文化转型的核心是文化价值观念的转变问题，归结为文化价值观念的重建和整合问题。① 文化转型在教育领域有着深刻的反映，带来深刻的变化，教育也必然在回应党和国家教育政策的互动中担负着新的历史使命。

　　在社会转型大背景下，改革是学校德育现代转型的直接推动力，而德育科学化则是德育现代转型的内生动力。青少年传统文化教育是德育的重要组成部分，德育的科学化也必然地包含着传统文化教育的科学化发展。中华优秀传统文化是中华民族厚植数千年积淀的文化软实力，其中蕴含的丰富的辩证哲思、道德观念、价值理念和精气神，既是我们科学认识世界和推动人类社会进步的重要方法论，也是新时代巩固强化、守正创新主流意识形态的力量源泉。现阶段，中国特色社会主义进入新时代，高水平、高质量的教育是人民对美好生活需求的重要方面，面对新时代文化发展和人民文化需求的新情况，进一步加强对优秀传统文化教育价值和思想价值的挖掘，汲取其中的思想精髓，赋予新时代内涵，使之与新时代中国特色社会主义发展进步相适应，是迫切需要深入研究和实践的课题。

---

① 　张应强. 文化转型与中国高等教育的历史使命 [J]. 南京化工大学学报（哲学社会科学版 ),1999,1：53.

# 第一节　文化建设的时代要求进一步推动青少年中华优秀传统文化教育的科学化发展

党的十九届四中全会通过的《中共中央关于坚持和完善中国特色社会主义制度、推进国家治理体系和治理能力现代化若干重大问题的决定》指出，"中国特色社会主义制度是党和人民在长期实践探索中形成的科学制度体系，我国国家治理体系和治理能力是中国特色社会主义制度及其执行能力的集中体现"。同时指出，"我国国家制度和国家治理体系具有多方面的显著优势，其中之一是"坚持共同的理想信念、价值理念、道德观念，弘扬中华优秀传统文化、革命文化、社会主义先进文化，促进全体人民在思想上精神上紧紧团结在一起的显著优势"。这表明，新中国成立以来，在党和国家大力发展和繁荣文化的努力下，中国特色社会主义文化发展取得了重大成果，中国特色社会主义文化自信成为国家制度和国家治理体系的一大显著优势。另外，还指出，"坚持和完善繁荣发展社会主义先进文化的制度，巩固全体人民团结奋斗的共同思想基础。发展社会主义先进文化、广泛凝聚人民精神力量，是国家治理体系和治理能力现代化的深厚支撑。必须坚定文化自信，牢牢把握社会主义先进文化前进方向，激发全民族文化创造活力，更好构筑中国精神、中国价值、中国力量"。中国已经处在一个由文化改革向文化建设迈进的时代，这个时代需要将新中国成立以来探索的中国特色社会主义文化用制度的方式予以固定，使其发挥出更大的治理效能。文化建设表现在教育领域，就是要求在教育过程中落实党和国家文化政策，推动文化事业的科学化发展。

## 一、教育是推进文化建设的重要力量

2011 年，胡锦涛总书记在纪念中国共产党成立 90 周年大会上指出，经过 90 年的奋斗、创造、积累，我们取得了重大成就，总结起来就是：开辟了中国特色社会主义道路，形成了中国特色社会主义理论体系，确立了中国特色社会主义制度。可以说，改革开放 40 多年来的中国特色社会主义建设和发展，让我们有了一个相对稳定和完整的制度框架与制度轮廓，但是制度确立不等于制度定型，我们需要在制度建设中推动制度的完善和定型。为此，党的十九届四中全会指出要坚持和完善中国特色社会主义 13 个显著优势，通过制度建设来进一步定型、完善和发展。不断用先进的、具体的制度形式革除落后的形式，用善的制度环境来代替恶的制度环境，用科学设计的制度变迁路径来替代主观臆想的制度变迁路径，为社会发展提供科学、健康、规范、进步的制度保障。[①]改革开放以来，伴随着经济社会的深刻变革，社会主义文化也迎来了巨大发展，而随着中国特色社会主义制度体制的确立，中国特色社会主义文化体制也由改革转向建设，并不断适应推动经济社会的持续发展，从而在与经济社会的互动中完成文化发展的现代转型。

中国特色社会主义进入新时代，我国社会主要矛盾发生了历史性转变，多元化、高质量的文化成为人民美好生活需要的重要组成部分。当今世界呈现出经济全球化、世界多极化、文化多样化和社会信息化的特征，人的主体性意识增强，在多元社会思潮交流互动下，群众的文化需求更加多元化和个性化，社会主义文化建设面临着前所未有的压力，文化价值观领域也遭遇不小的冲击，要清理和重塑文化价值领域这个"瓦砾场"，真正最终完成中国特色社会主义文化的转型，不仅需要推动文化体制改革，还必须有其他因素的配合和支撑。教育便是其中一个起主要作用的因素，它是推动社会主义文化现代转型的重要力量。

文化建设的核心是文化价值观的生产和供给。改革开放以来，我国经济社会实现巨大发展，人民生活水平得到极大改善，与此同时，思想解放程度空前提高，人们的精神世界也获得了极大丰富，多元共生、体现主体性意识的价值观逐渐形成。但社会文化系统依然面临着风险与挑战，公众信仰迷失、个人主义、泛娱乐主义、道德失范成为普遍现象，社会各群体会受到不同程度的负面影响。尤其是对青少年而言，由于其接受性、可塑性极强，世界观、人生观、价值观多元混在的情况客观存在，更易被错误思想引入歧途。因此，重塑公民的核心价值观，关系到我国经济社会能否持续、健康、稳定发展，关系到我国文化竞争力的强弱，更关系到中国特色社会主义文化建设的成败。文化传承与发展是教育的重要职能之一，教育与文化发展有着紧密的关系，是促进文化现代转型的重要力量。文化转型的核心是文化价值观念的转型，这种转变也不是某一种文化价值观向另一种文化价值观的转变，而是形成一种包含多种文化价值观在内的新的文化价值体系。从这种意义来看，教育促进文化转型的根本点在于促进各种文化价值观的鉴定、整合、生产和供给，通过促进文化价值观的生产和供给来推动文化建设。

---

① 徐斌．制度建设与人的自由全面发展 [M]．北京：人民出版社，2012,1:7.

## 二、科学化发展：青少年传统文化教育助力文化建设的路径

改革开放以来，我国社会主义文化在继承发展和自我革新中呈现出大发展和大繁荣的景象，走出了一条中国特色社会主义文化道路，文化自信成为我国国家治理体系和治理能力的显著优势。历史唯物主义认为，经济基础决定上层建筑，随着中国特色社会主义继续向前发展，生产力不断提高，这必然要求上层建筑与之相适应。文化作为上层建筑的重要组成部分，随着经济社会的不断发展，也必然在文化领域产生深刻的影响，对文化形态和文化发展有新的期待，文化的这种时代差异性和动态性，导致文化发展永远在路上。如上所述，文化教育是推进文化建设的重要力量，其主要路径是文化教育的科学化发展。文化教育的科学化就是通过教育改革和教育现代转型和发展，一方面，文化的繁荣发展需要文化教育进行传承和推动，通过系统的教育教学将中国特色社会主义文化的精华和系统体系传承下去，以增强文化认同和文化自信；另一方面，文化教育作为系统性的学科体系，有其自身的发展脉络和成熟路径，文化教育科学化发展的过程，其实质就是推动中国特色社会主义文化大发展、大繁荣的过程。文化教育主要通过教育观念更新、教育体系完善和教育体制改革来推动文化建设。

2014年，为落实立德树人根本任务，进一步加强新形势下中华优秀传统文化教育，教育部印发《完善中华优秀传统文化教育指导纲要》，同时指出，加强中华优秀传统文化教育是"构建中华优秀传统文化传承体系，推动文化传承创新的重要途径"，是"培育和践行社会主义核心价值观，落实立德树人根本任务的重要基础"。《完善中华优秀传统文化教育指导纲要》的颁布具有明确的问题导向，即当前的教育尤其是德育是缺失的，需要回归传统文化，从传统文化中深入挖掘和阐释中华优秀传统文化的德育功能，从中汲取教育力量，进而推动文化传承，这是推动传统文化教育的原初动力。可以说，在中断百年之后，我国教育重新回归传统文化教育，是教育观念和教育理念的转型更新，这对于我国教育发展和进步、弘扬传统文化与文化建设是双赢的。在中国教育历程中，我国的教育格局先后走过以德育为主、智育为辅的前现代教育格局、德育与专业教育二元分化的超前现代教育格局，目前正向第三教育阶段转型进发，即德育与专业教育的关系重构形成的现代教育格局。大力弘扬传统文化，回归传统文化教育及德育的育人理念，无疑是对当前重新构建德育与专业教育关系格局的巨大推动。同时，青少年传统文化教育为传统文化创造性转化和创新性发展提供了系统性、科学化、稳定化的平台，传统文化教育通过融入、渗透的教育教学方式，有力地推动传统文化繁荣发展和持续建设。

在更新传统文化教育理念的基础上，党和国家通过教育体制改革和教育体系的不断完善，以推动传统文化的创造性转化和创新性发展，适应新时代文化建设的需要，满足人民对高质量的传统文化的需要，通过传统文化教育给民族铸魂，不断坚定文化自信。正如习近平总书记 2019 年 3 月 4 日在参加全国政协十三届二次会议文化艺术界、社会科学界委员联组会时的讲话指出："中国特色社会主义进入了新时代，新时代呼唤着杰出的文学家、艺术家、理论家，文艺创作、学术创新拥有无比广阔的空间。希望大家坚定文化自信，把握时代脉搏，聆听时代声音，承担记录新时代、书写新时代、讴歌新时代的使命，勇于回答时代课题，从当代中国的伟大创造中发现创作的主题、捕捉创新的灵感，深刻反映我们这个时代的历史巨变，描绘我们这个时代的精神图谱，为时代画像、为时代立传、为时代明德"。中华优秀传统文化积淀着中华民族最深沉的精神追求，是中华民族的根与魂，中国特色社会主义要向前继续发展，必须高度重视中华传统文化的继承发展问题。改革开放以来特别是党的十八大以来，党和国家高度重视文化建设，我国的教育政策也更加注重立德树人工作，将立德树人上升为教育的根本任务，传统文化教育的地位得到空前提高。基于此，教育系统特别是基础教育通过教育体制改革不断完善传统文化教育体系和内容，科学调适德育与专业教育的关系，赋予传统文化新的使命任务，推动传统文化理论研究和实践探索，使传统文化教育向着科学化、系统化和综合化方向发展，为培养德智体美劳全面发展的社会主义建设者和接班人贡献力量。

## 第二节　新时代落实立德树人根本任务对青少年中华优秀传统文化教育提出更高要求

培养什么人，是教育的首要问题。国无德不兴，人无德不立，教育之本，在于立德铸魂。党的十八大指出，"把立德树人作为教育的根本任务，培养德智体美全面发展的社会主义建设者和接班人"。十九大报告又将"立德树人"的重要性予以重申，并将其列入党的教育方针中。立德树人作为学校教育的根本任务和中心环节，在学校思想政治教育工作和学生管理工作中起到至关重要的作用。新时代社会主义核心价值观教育是实现立德树人根本任务的重要基础和必由之路，而中华优秀传统文化传承和承载着中华民族优秀的民族精神，培育和弘扬社会主义核心价值观必须要立足于中华优秀传统文化，深入挖掘传统文化中具有当代意蕴的时代精神。十九大报告指出，"要以培养担当民族复兴大任的时代新人为着眼点，强化教育引导、实践养成、制度保障，发挥社会主义核心价值观对国民教育、精神文明创建、精神文化产品创作生产传播的引领作用，把社会主义核心价值观融入社会发展各方面，转化为人们的情感认同和行为习惯"，"深入挖掘中华优秀传统文化蕴含的思想观念、人文精神、道德规范，结合时代要求继承创新，让中华文化展现出永久魅力和时代风采。"因此，新时代青少年传统文化教育须在加强品德修养上下功夫，牢牢抓住立德树人这一教育事业发展的灵魂，始终坚持把加强中华优秀文化教育作为落实立德树人根本任务的重要基础。

## 一、立德树人：青少年传统文化教育新时代的使命任务

改革开放以来，从突出德育在学校教育中的重要地位，到把德育作为素质教育之首，再到"育人为本、德育为先"，最后将"立德树人"作为教育的根本任务，这是党全面发展教育方针的重大发展，也是对教育德行本真的回归，符合青少年成长成才规律和德育的发展规律。新时代，传统文化教育被提升到落实立德树人根本任务的重要基础的高度，有深刻的历史原因。我国历来高度重视开展中华优秀传统文化教育，从立德树人的高度来看待中华优秀传统文化教育的意义和作用。《中华人民共和国教育法》第六条规定：教育应当坚持立德树人；第七条规定：教育应当继承和弘扬中华民族优秀的历史文化传统，吸收人类文明发展的一切优秀成果。实施优秀传统文化教育也是党和国家教育方针政策的一贯要求。1993 年中共中央、国务院印发的《中国教育改革和发展纲要》指出，"要重视对学生进行中国优秀传统文化教育"。《国家中长期教育改革和发展规划纲要（2010—2020 年）》提出：坚持德育为先。立德树人，把社会主义核心价值体系融入国民教育全过程。……加强中华民族优秀文化传统教育和革命传统教育。把德育渗透于教育教学的各个环节，贯穿于学校教育、家庭教育和社会教育的各个方面。[①]

党的十八大以来，党和国家更加重视传统文化教育，在多种场合充分肯定了传统文化的当代价值及其在新时代的重要意义。2014 年 9 月，习近平总书记在纪念孔子诞辰 2565 周年国际学术研讨会暨国际儒学联合会第五届会员大会

---

① 新华社.国家中长期教育改革和发展规划纲要(2010-2020 年)[EB/OL].(2010-07-29)[2020-07-01].http://www.gov.cn/jrzg/2010-07/29/content_1667143.htm.

开幕式上的讲话中指出，"包括儒家思想在内的中国优秀传统文化中蕴藏着解决当代人类面临的难题的重要启示。中国优秀传统文化的丰富哲学思想、人文精神、教化思想、道德理念等，可以为人们认识和改造世界提供有益启迪，可以为治国理政提供有益启示，也可以为道德建设提供有益启发。我们要善于把弘扬优秀传统文化和发展现实文化有机统一起来，紧密结合起来，在继承中发展，在发展中继承"①。2018 年 9 月 10 日，习总书记在全国教育大会上发表重要讲话，强调要坚持把立德树人作为根本任务；要把立德树人融入思想道德教育、文化知识教育、社会实践教育各环节，贯穿基础教育、职业教育、高等教育各领域，学科体系、教学体系、教材体系、管理体系要围绕这个目标来设计，教师要围绕这个目标来教，学生要围绕这个目标来学。②

落实立德树人根本任务，首先要明确教育要立什么德、树什么人，以及如何立德树人，文化教育是重要途径，这首先要求坚定中国特色社会主义文化自信。十九大报告指出：中国特色社会主义文化是"源自中华民族五千多年文明历史所孕育的中华优秀传统文化，熔铸于党领导人民在革命、建设、改革中创造的革命文化和社会主义先进文化"。中华优秀传统文化与革命文化、社会主义先进文化三部分构成了中国特色社会主义文化，因此，坚定中国特色社会主义文化自信，包括了坚定中华优秀传统文化自信。而教育在坚定中华优秀传统文化自信中具有基础性作用，教育的重要功能是文化传承与创新，其本质上是一种文化活动，是以文化人的过程。正是通过传统文化的创造性转化和创新性发展，革命文化和社会主义先进文化才得以形成。由此可见，用中华优秀传统文化、革命文化和社会主义先进文化来以文化人、立德树人，是新时代中国特色社会主义教育的基本使命。

## 二、转型与建构：青少年传统文化教育实现立德树人的路径选择

从文化哲学的角度来看，文化具有差异性和动态性。差异性指的是个体与个体之间、群体与群体之间；动态性指的是历时性和空间性。从文化经济学的

---

① 习近平. 在纪念孔子诞辰 2565 周年国际学术研讨会暨国际儒学联合会第五届会员大会开幕会上的讲话 [EB/OL].(2014—09—24)[2020—07—01].http://politics.people.com.cn/n/2014/0925/c1024-25729181.html.

② 习近平. 坚持中国特色社会主义教育发展道路 培养德智体美劳全面发展的社会主义建设者和接班人 [EB/OL].(2018—09—21)[2020—07—01]. http://edu.people.com.cn/n1/2018/0911/c1053-30286253.html.

角度来看，文化具有生产性，也就相应地出现了文化生产的概念。① 新时代是我国社会转型的关键时期，社会主要矛盾的历史性转变，以及新的发展方位和历史情境必然创生出新的文化发展空间，生产出新的文化形态，这就要求传统文化教育必须作出适应性转变，在新的文化空间和文化形态中建构起新的文化教育形态和模式，以适应和反作用于经济社会发展。教育在文化传承与发展的过程中承担起文化生产、整合与建构的重要作用，其中传统文化作为中华民族的根与魂，在新时代传统文化教育要承担起自身转型发展及整合、汰选、建构现在与外来文化形态的历史任务。因此，不仅传统文化需要进行创造性转化、创新性发展，传统文化教育同样要走上一条转型与建构之路。

　　青少年传统文化教育面临转型与建构，一方面是由社会转型发展带动的文化生产大众化决定的。随着社会的现代化发展，人类社会呈现出繁荣、交融、共荣的景象，特别是互联网信息技术的快速发展，改变了传统文化制造的模式和方式，文化制造的空间和技术由现实社会转向网络空间和网络社会，文化生产的主体呈现出大众化趋势，而文化消费主体在很大程度上也是文化生产主体。加之生活节奏加快、功利主义盛行，必然带来泛娱乐主义、社会思潮泛滥、功利性文化接受、快餐式文化审美等问题。传统文化在这样的背景之下，空间被挤压、生存压力巨大，因此，传统文化及其教育必须在新时代实现转型发展，在多元文化共生共存、多元思潮交流交锋中实现重构。习近平总书记指出，"我们要善于把弘扬优秀传统文化和发展现实文化有机统一起来，紧密结合起来，在继承中发展，在发展中继承"②，"要处理好继承和创造性发展的关系，重点做好创造性转化和创新性发展"③。对传统文化教育而言，除了弘扬和继承之外，深入挖掘与阐发也是至关重要的命题。为此，要加快传统文化的梳理和阐发、数字化存储、价值挖掘与运用等工作，加快传统文化的传播方式和传播平台创新工作；充分利用媒体融合优势，打造立体化、新颖性的传统文化传播平台；加快传统文化产学研一体化进程，在研究中开发使用，在使用中保护传承；必须做到服务当代，与新时代党和国家文化强国建设的政策相契合，与新时代社会主义主要矛盾相适应，善于在优秀传统文化中提炼出中华民族文化基因和

---

① 　徐娜娜. 转型、构建与认同：新文化生产空间中的青少年传统文化教育 [J]. 青年教育,2019,4:112.

② 　习近平. 实现传统文化创造性转化，不能一股脑儿拿到今天照套照用 [EB/OL].(2014-09-24)[2020-07-01].http//news.xinhuanet.com/politics/2014-09/24/c_1112610547.htm.

③ 　中央文献研究室，中国外文局. 习近平谈治国理政 [M]. 北京：外文出版社，2014：164.

精神追求，并赋予其新时代内涵。唯有如此，传统文化才能走出一条生存之道，重新掌握青少年群体。

青少年传统文化教育面临转型与建构，另一方面是由文化生产大众化带来的文化认同危机所决定的。新时代文化生产的大众化必然带来文化多元化、主体意识增强和文化认同危机。作为中华民族最基本的文化基因，中华传统文化理应承担起价值澄明和价值认同的标识重任。就文化教育而言，在成熟的新文化形态出现之前，主流文化视野下受国内外多元文化思潮及不良因素影响的这部分文化，无疑不利于青少年成长，这就需要传统文化的"基因式"出场，在多元文化交流交锋、互动互鉴中转型发展，塑造和建构起中国特色的社会主义文化体系和形态，重塑新时代中国特色社会主义文化格局，用主流文化引领主流意识形态，引领青少年价值观念，从而构建起新时代中国特色社会主义文化生产大众化背景下的文化认同关系。

## 第三节　教育现代化要求青少年中华优秀传统文化教育在人的现代化方面发挥更大作用

教育是社会进步、民族发展的基石，必须将教育事业放在优先发展的战略位置。建设教育强国、全力实现教育现代化是实现中华民族伟大复兴的中国梦、推动中国特色社会主义事业继续向前发展的重大工程。"教育现代化"最早在1983年由邓小平提出。1985年《中共中央关于教育体制改革的决定》中明确提出了教育工作要面向现代化、面向世界、面向未来，由此，党和国家开始认识到教育现代化的重大战略意义，教育现代化是实现社会主义现代化的重要基础和前提；2010年《国家中长期教育改革和发展规划纲要（2010—2020年）》中提出要"优先发展教育、提高教育现代化水平，对实现全面建设小康社会奋斗目标、建设富强民主文明和谐的社会主义现代化国家具有决定性意义"[①]，进一步明确了教育现代化在我国整体发展布局中的优先发展地位；在党的十九大报告中，习近平总书记强调："深化教育改革，加快教育现代化，办好人民

---

① 新华社.国家中长期教育改革和发展规划纲要(2010-2020年)[EB/OL].(2010-07-29)[2020-07-01].http://www.gov.cn/jrzg/2010-07/29/content_1667143.htm.

满意的教育"①，昭示了教育现代化的实现路径是深化教育改革，同时明确了教育现代化的目标是办好人民满意的教育；在全国教育大会上，习近平总书记指出，"我国是中国共产党领导的社会主义国家，这就决定了我们的教育必须把培养社会主义建设者和接班人作为根本任务，培养一代又一代拥护中国共产党领导和我国社会主义制度、立志为中国特色社会主义奋斗终身的有用人才。这是教育工作的根本任务，也是教育现代化的方向目标"。这一重要论述为新时代加快推进教育现代化提供了根本遵循，指明了方向目标，是重要的方法论和认识论。

就其内涵而言，教育现代化是指传统教育向现代教育转化的历史进程，作为一个动态发展的概念，教育现代化蕴含着开放、包容、贡献社会及合作共赢的时代特质。②但同时教育现代化又是一个具有政治性色彩的话语，我们所说的教育现代化是中国特色社会主义的教育现代化，而并非完全意义上的西方现代化下的教育现代化。这就关涉教育从价值追求到实践操作均应恪守中国特色社会主义方向，其目标在于培养德、智、体、美、劳全面发展的社会主义建设者与接班人。③因此，我们的教育现代化必然深深地打上中国烙印，具有典型的传统特质。我们的教育现代化应扎根于中华优秀传统文化，在传统文化滋养下推陈出新，实现中国新时代教育的超越与提升。④为此，新时代教育现代化的传统特质要求传统文化教育在青少年群体中发挥更大的作用，以传统文化的德育优势实现青少年的自由全面发展。

## 一、教育现代化关键在于人的现代化：青少年传统文化教育的合理性来源

党的十九大提出"以人民为中心"的执政理念，落实到教育领域，其根本定位在于促进人的全面发展。教育现代化是一个复杂的系统结构，包含教育理念、教育目标、教育手段、教育载体、教育方法等多个方面，而推动实现人的现代化以最终实现人的全面发展为其核心所在，这就要求教育要始终把立德树

---

① 习近平.决胜全面建成小康社会夺取新时代中国特色社会主义伟大胜利——在中国共产党第十九次全国代表大会上的报告 [EB/OL].(2018-03-13)[2020-07-01].http://sh.people.com.cn/n2/2018/0313/c134768-31338145.html

② 冯刚，金国峰.论中国教育现代化的方向目标 [J].中国高等教育，2018（1）：4.

③ 谭亲毅，么加利.加快推进教育现代化（笔谈）[J]，教育研究,2018,11:131.

④ 谭亲毅，么加利.加快推进教育现代化（笔谈）[J]，教育研究,2018,11:131.

人作为促进人的自由全面发展的中心环节来抓。我国所要打造的教育现代化是既具备世界水平又富有中国特色的教育现代化，是既借鉴国外先进经验又扎根中国大地的教育现代化。传统文化教育作为中国特色的底色工程，通过复归传统文化的德育优势，构建多元文化背景下中国特色社会主义文化来推动文化认同，不断契合着我国教育现代化的要求、扎实推动着教育现代化的发展。传统文化教育作为立德树人的基础工作，在推动中国特色的教育现代化过程中，应始终聚焦立德树人的核心任务，在推动实现人的现代化、人的全面发展过程中作出应有的贡献。

"人的发展以文化的方式来进行，最初的、从动物界分离出来的人，在一切本质方面和动物本身一样是不自由的，但是文化上的每一进步，都是迈向自由的一步。"[①]毋庸置疑，西方科学与民主在中国的传播，极大地促进了中国教育的发展，推动了我国学科体系构建的科学化进程，中西文化的交流互鉴也进一步推动了我国教育的现代化，为中国教育走向世界奠定了基础。但是在传统与现代、国内与国外之间，我国的文化建构却出现了无法弥合的文化缺憾，人的现代化问题未能很好地处理中国特色与世界潮流之间的关系，这导致了国人文化观的扭曲，造成了当下信仰危机和文化认同危机。如何在青少年教育中有效推进传统文化教育，继承和回归传统文化德育传统，重塑青少年文化根性、重建文化认同、实现中国特色现代化，迫在眉睫。青少年传统文化教育的合理性源于传统文化之于人的现代化的重大意义，以及传统文化本身所具有的德行传统和德育优势，新时代青少年传统文化教育理应在推动人的现代化的过程中发挥更大的作用。

教育现代化的出发点与最终落脚点是人的现代化。新时代中国特色社会主义教育现代化场域中，人的现代化是人全面发展的本质反映，也是实现教育现代化的一个重要标志。人的现代化具体表现为以下两个方面，第一，高尚的道德情操与人格。这主要体现为人的道德品质追求与社会主义核心价值观、中华民族传统道德伦理观念高度契合的价值追求与审美旨归。第二，深厚的文化素养、主体意识与创新精神。新时代，人的现代化应充分体现人的文化性、实践性与创造性，彻底与传统教育中功利性价值取向带来的人的单向度、刻板性决裂。教育现代化应紧密围绕培养人的上述属性展开，传统文化教育的德育功能注重着眼于人的整体性和完整性开展教育，决定了青少年传统文化教育在新时代教育现代化过程中将扮演独特的角色。

---

① 马克思，恩格斯. 马克思恩格斯选集（第 3 卷）[M]. 北京：人民出版社，1995:456.

## 二、传统文化教育一体化：青少年传统文化教育推动人的全面发展的路径选择

新时代实现人的现代化就要求教育始终把立德树人作为促进人的自由全面发展的中心环节来抓。而要落实立德树人根本任务，需要实现传统文化教育的有效衔接。但纵观当前青少年传统文化教育，虽然改革开放以来特别是21世纪以来，党和国家对传统文化给予高度关注，陆续出台了加强中华优秀传统文化教育的政策和措施，也取得了重要进展和明显成效。但"面对新形势、新要求，中华优秀传统文化教育还存在不少突出问题，对中华优秀传统文化教育重要性的认识有待进一步提高，教育内容的系统性、整体性还明显不足，重知识讲授、轻精神内涵阐释的现象还比较普遍，课程和教材体系有待完善，教师队伍整体素质有待提升，全社会共同参与的教育合力有待加强等"[①]。总的来讲，当前我国青少年传统文化教育存在的典型问题是衔接不畅，主要表现为教育方法与教育内容的割裂、教育手段与教育目的的割裂、大中小学各学段教育的割裂、学校教育与家庭教育和社会教育的割裂。[②]为此，推动我国教育的跨越式发展、实现教育的现代化，一个重要任务就是必须打通大中小学各个阶段的传统文化教育，探索一体化建设的内在理路。

首先，立德树人是一项复杂的、整体的、有机的系统性工程。这就要求将系统的育人任务分解进行落实，要将立德树人融注于各个领域、各个环节，必须健全立德树人系统性的落实机制。大中小学传统文化教育一体化建设通过坚持各个学段的衔接与贯通，搭建起统筹协调的机制，使立德树人工程得以顺利推进。其次，在大中小学实行一体化部署是破解当前青少年传统文化教育发展难题的重要手段。中共中央办公厅、国务院办公厅印发的《关于实施中华优秀传统文化传承发展工程的意见》指出，实施中华优秀传统文化传承发展工程要坚持将其"贯穿国民教育始终"，强调要"围绕立德树人根本任务，遵循学生认知规律和教育教学规律，按照一体化、分学段、有序推进的原则，把中华优秀传统文化全方位融入思想道德教育、文化知识教育、艺术体育教育、社会实践教育各环节，贯穿于启蒙教育、基础教育、职业教育、高等教育、继续教育

---

① 教育部.教育部关于印发《完善中华优秀传统文化教育指导纲要》的通知 [EB/OL]. (2014-04-01)[2020-07-01].http://www.gov.cn/xinwen/2014-04/01/content_2651154.htm.

② 张应强，张乐农.大中小学中华优秀传统文化教育衔接初论 [J].高等教育研究,2019(2), 2:75.

各领域"①。由此可知，要落实立德树人根本任务，一方面要实现大中小学的教育衔接，实现启蒙教育、基础教育、高等教育等教育阶段的中华优秀传统文化教育一体化。另一方面，要通过实现学校教育、家庭教育、社会教育等不同教育形态和教育场域中的中华优秀传统文化教育一体化衔接。同时，也需要实现中华优秀传统文化教育、时代精神教育、革命传统教育三者之间的结合。总之，只有实现中华优秀传统文化教育在大中小学各学段、学校家庭社会各层面、各文化教育相关方面的一体化衔接，才能形成全方位、全景式、整体性的立德树人的教育合力，以此落实立德树人根本任务。

教育现代化需要教育体制的现代化予以支撑和落实，新时代推动教育现代化、落实立德树人根本任务，必须要统筹推进大中小学青少年传统文化教育一体化进程，重点在传统文化教育理念、教育内容、体制机制、教师队伍、载体方法、管理评价等方面的一体化进行科学探究和实践推进，实现青少年传统文化教育体制机制的现代化，为实现教育现代化打下坚实的制度性基础。

---

① 中共中央办公厅，国务院办公厅．中共中央办公厅、国务院办公厅印发《关于实施中华优秀传统文化传承发展工程的意见》[EB/OL].(2014-04-01)[2020-07-01].http://www.gov.cn/zhengce/2017-01/25/content_5163472.htm.

# 第六章　新时代青少年中华优秀传统文化教育的实施路径

中国特色社会主义进入新时代，是青少年传统文化教育新的起点。青少年传统文化教育要在新的时代条件下以社会主义核心价值观为统领，以立德树人为中心，将中华传统文化知识教育、中华民族精神教育、传统文化养成教育、传统文化创新作为着力点，实现全方位育人。习近平总书记指出，"我们要坚持不忘本来、吸收外来、面向未来，在继承中转化，在学习中超越，创作更多体现中华文化精髓、反映中国人审美追求、传播当代中国价值观念、又符合世界进步潮流的优秀作品，让我国文艺以鲜明的中国特色、中国风格、中国气派屹立于世"①。在不同的历史发展时期，中华优秀传统文化都不断地被赋予新的含义，当前处于新时代，中华传统文化依旧需要不断吸收和融入新内容。

## 第一节　新时代青少年中华优秀传统文化教育的目标和原则

### 一、新时代青少年中华优秀传统文化教育的目标

（一）促进青少年的自由全面发展

中国古代先贤历来把人的自由全面发展置于价值首位，追求至善至美的人生境界。老子告诫人们："天之道，利而不害；人之道，为而不拿。"青少年是

---

① 习近平. 在中国文联十大、中国作协九大开幕式上的讲话 [N]. 人民日报，2016-12-01.

国家未来的建设者和接班人，身上肩负着中华民族振兴的历史重任，促进青少年的自由全面发展，是我们教育培养的目标。由此可见，教育与中华优秀传统文化育人的价值目标具有一致性。教育是要培养德智体美劳全面发展的社会主义建设者和接班人，要培养青少年为人民服务的意识、为社会主义事业发展奋力拼搏的信念。中华优秀传统文化的传承与弘扬也是为了培养有爱国主义理想信念、践行中华优秀传统美德的建设者和接班人。青少年教育需要采用多样又科学合理的教学方法进行渗透式教育，使青少年在潜移默化中感受优秀传统文化的熏陶，促进青少年自由全面的发展。

### （二）为社会主义建设培养人才

教育是引导青少年树立正确观念的重要方式，能够有效帮助青少年提高认识世界和改造世界的能力。青少年作为新时代社会主义事业的建设者和生力军，肩负着国家的未来和希望，在青少年教育中融入中华优秀传统文化的教育思想，传承和弘扬传统文化，具有深远意义。中华优秀传统文化在五千年的积淀中潜移默化地影响着每个中国人的价值导向和思维方式，通过中华传统文化的教育引领，培养青少年为国家繁荣奉献青春的爱国主义理想信念。青少年通过学习优秀传统文化，能够培养自身"先天下之忧而忧，后天下之乐而乐"的家国情怀，自强不息的奋斗精神，以及"老吾老，以及人之老；幼吾幼，以及人之幼"的仁孝之心。通过中华优秀传统文化教育，在青少年群体中产生"凝魂聚气"的作用。

## 二、新时代青少年中华优秀传统文化教育的原则

中华传统文化历经数千年的发展，在传承与创新的过程中蕴含了丰富的教育内涵，是古人智慧的结晶和宝贵的财富，是中华儿女生生不息的精神支撑。在青少年教育过程中，我们需要加大弘扬中华传统文化，深入挖掘传统文化的精髓，以培养青少年良好的人格及品德，为国家培养优秀的全面发展的人才。在学校教育中，要充分利用中华传统文化教育资源，弘扬中华民族基本精神，这对于摆正青少年的思想价值观念、提升其道德品质等有重要作用，因此，我们需要充分发挥传统文化的教育功能。新时代青少年传统文化教育需坚持以下几个原则。

### （一）中华优秀传统文化教育要坚持理论与实际相结合的原则

新时代青少年传统文化教育需要坚持理论与实践相结合的原则，根据青少年思想的发展节奏，在理论教育的同时，提升其联系实际的能力。例如，在引

导青少年学习中国传统"忠孝仁义礼智信"文化内容的同时，结合开展爱国主义教育、理想信念教育、道德教育、身心健康教育等。在教导青少年树立"仁者爱人"的思想方面，可以结合当下培育和践行社会主义核心价值观的主题教育。要让青少年了解优秀传统文化，还可以利用春节、清明节、端午节、中秋节、国庆节等传统节日的仪式活动，来开展传统文化的仪式教育，这也是培养青少年爱国主义精神的重要途径。此外，还可以通过参观文化场馆等青少年喜闻乐见的活动，让青少年通过情感体验和社会实践，形成热爱中华传统文化的氛围，真正做到价值引领，不断增强青少年的文化归属感，达到文化育人的目的。

（二）中华优秀传统文化教育要坚持实践性原则

中华传统文化教育要贴近青少年生活、符合青少年实际，这是教育青少年发扬中华民族优良道德规范的有效途径。中华优秀传统文化要融入青少年教育过程中，在掌握青少年的实际情况下，传统文化教育要积极创新、因人制宜、因材施教，从而引导青少年成长成才。例如，学校教育中要有效培养青少年的爱国主义精神，就需要把中华优秀传统文化教学与爱国主义相联系，通过学习中华优秀传统文化深入了解中华民族的伟大历史，从而增强青少年的民族认同感和自豪感，激发青少年浓厚的爱国主义精神。在进行传统文化教育时，可以鼓励青少年面向社会广泛开展各类社会实践、志愿服务等活动，例如，践行爱心行动、锻炼自我、服务社会。通过这种有针对性的转换，激发青少年的学习兴趣和主动参与的积极性。此外，还可以运用中华优秀传统文化典故、寓言故事、史书典籍等来规范青少年的思想和行为方式，通过寓教于乐的方式增强青少年的社会责任感，引导其用所学知识回报社会。

（三）中华优秀传统文化教育要坚持开放性原则

人类在漫长的历史长河中，创造和发展了多姿多彩的文明，这是世界各族人民的共同成果。中国的发展离不开世界，中华文明需要在与世界文明的交流互鉴中获得深化。毛泽东曾亲笔题词："百花齐放，推陈出新。"[1]为新中国的文化艺术发展指明了方向和原则，也是我国繁荣文化的重要方针。文化需要多样化发展，多元文明间的交流对话成为必然趋势，因此，中国要树立开放观念，主动学习借鉴世界先进文化，为我所用。随着中国国际地位的逐步提高，我们更需要向世界发出中国声音，传递中国文化，这必然离不开中华传统文化

---

① 　毛泽东.为中国戏曲研究院题词（1951 年）,毛泽东文艺论集 [M].北京：中央文献出版社 ,2002:135.

的支撑，也需要赋予中华传统文化新的时代内涵，更重要的是在保持自身独特性的同时，借鉴、吸收世界各国优秀文明成果，博采众长、兼收并蓄，在国际文化交流中彰显中华文化的包容与创新。青少年传统文化教育，需要树立全球视野和问题意识，坚持文明交流互鉴，不断挖掘中华优秀传统文化的历史价值和时代价值，促进中华优秀传统文化与世界文化相互沟通，实现文化"引进来"与"走出去"。

### （四）中华优秀传统文化教育要坚持创新性原则

创新是一个民族进步的灵魂。中华优秀传统文化在推进改革开放进程和社会主义建设方面发挥着不可忽视的作用，这离不开传统文化的创新与发展。习近平总书记强调："要以时代精神激活中华优秀传统文化的生命力，推进中华优秀传统文化创造性转化和创新性发展。"[①] 中华优秀传统文化教育需要不断更新创造、不断实现自我超越，才能持久推动中华民族向前发展。新时代中华优秀传统文化教育不是全盘接受，食古不化，而是有扬弃地予以继承，取其精华，去其糟粕，在继承的基础上不断创新，使中华优秀传统文化教育贴近当下，契合时代。坚持创新性原则，这是正确对待中华传统文化的态度，也是传统文化教育的必然要求和获取教育实效的重要保障。

### （五）中华优秀传统文化教育要坚持以人为本的原则

新时代对青少年的传统文化教育一定要充分尊重青少年自身的兴趣爱好和精神追求，通过润物细无声的教育影响，促进青少年学习中华传统文化。要在尊重青少年主体性的基础上，最大限度地发挥青少年的主观能动性，这样才能帮助青少年更好地由被动学习转为主动学习，增强学习效果。在传统文化教育中，激发青少年的民族自豪感和荣誉感，对中华民族英雄心怀敬意，引导青少年在传统文化的学习中树立正确的历史观和民族观，都需要充分调动青少年学习的主动性、积极性，促进青少年在学习传统文化的同时，达到知识、智力、能力、潜力全面发展。

---

① 习近平. 大力弘扬伟大爱国主义精神 为实现中国梦提供精神支柱 [N]. 人民日报 ,2015-12-31(1).

# 第二节　不忘本来，坚持中华优秀传统文化的独特性

历史是一面镜子，不忘本来，是我们的文化建设之本。在几千年的历史长河中，中华民族勤劳团结，始终革故鼎新，开发和建设了祖国辽阔秀丽的大好河山，铸就了灿烂的中华文化，积淀了丰厚的文化底蕴，打下了坚实的文化根基。中华民族辉煌的历史，构成了中国特色社会主义的文化基因和精神动力。中国传统文化的民族性决定了传统文化的独特性，必须要坚持不忘本来，传承好传统文化，将其独特性延续下去。要做到立足现实，古为今用，也必然要求继承好、发展好优秀传统文化。"独特的文化传统，独特的历史命运，独特的基本国情，注定了我们必然要走适合自己特点的发展道路。"[①]深入挖掘出中华优秀传统文化的育人内核，做到文化自觉，走中华优秀传统文化内涵式传播道路。当前，中国特色社会主义进入新时代，在新的历史条件下，中华民族所创造出的灿烂文化一定要与青少年教育相结合，坚持传统文化的独特性，充分发挥富有魅力又具有时代精神的优秀传统文化的教育作用。

## 一、夯实强固中华优秀传统文化根基

每个国家和民族的历史文化传统不同，决定其发展道路必然有着自己的特色，要解决中国的发展问题只能在中国本土探寻自己的方法和道路。在五千多年的历史长河中，我国产生了老子、孔子、孟子、孙子、韩非子等伟大思想家，发明了造纸术、印刷术、指南针、火药等影响世界的伟大成果，创作了诗经、唐诗、宋词、元曲等伟大文艺作品，建设了万里长城、故宫、都江堰、赵州桥、大运河等气势恢弘的伟大工程。中华民族的"本来"历史悠久，几千年文明史绵延不绝，持续至今，走出了一条独特的文明发展道路。2014年10月13日，在十八届中共中央政治局第十八次集体学习时，习近平总书记提到："历史虽然是过去发生的事情，但总会以这样那样的方式出现在当今人们的生活之中。我国传统思想文化根源在社会生活本身，是人们思想观念、风俗习惯、生活方式、

---

① 习近平．习近平谈治国理政[M]．北京：外文出版社，2014:156.

情感样式的集中表达。"中国特色社会主义道路是由我国悠久的历史文化传统所决定的，中华优秀传统文化是我们国家最深厚的文化软实力，是中国特色社会主义植根的沃土。因此，在青少年教育时，我们必须要夯实中华优秀传统文化根基。只有不忘本来，才能走向未来；只有站稳脚跟，才能明辨方向。习近平总书记指出，"没有文明的继承和发展，没有文化的弘扬和繁荣，就没有中国梦的实现"。

在十九大报告中，习近平总书记强调，要加强培育和践行社会主义核心价值观。培育和践行社会主义核心价值观是凝魂聚气、强基固本的战略任务，对于全面建成小康社会、实现中华民族伟大复兴中国梦具有重要意义。习近平总书记指出，"我们提倡和弘扬社会主义核心价值观，必须从中汲取丰富营养，否则就不会有生命力和影响力"①。而培育和践行社会主义核心价值观必须立足于中华优秀传统文化，用中华优秀传统文化涵养社会主义核心价值观。"不忘本来才能开辟未来，善于继承才能更好创新。"②构筑主流价值观和国家精神必须要继承弘扬中华优秀传统文化，这既是马克思主义中国化的题中之义，也是开启中国梦的重要保障和推动力，同时也是涵养社会主义核心价值观的重要源泉，更是塑造大国形象、发挥文化影响力的重要举措。2014年9月24日，在纪念孔子诞辰2565周年国际学术研讨会暨国际儒学联合会第五届会员大会开幕会上，习近平总书记讲到："优秀传统文化是一个国家、一个民族传承和发展的根本，如果丢掉了，就割断了精神命脉。"③夯实中华优秀传统文化根基，就是尊重我们中华民族五千多年的历史，就是尊重古代先贤们的勤劳奋斗与实践探索，就是尊重我们民族的不懈努力与共同追求。中华优秀传统文化是我们在世界文化激荡中站稳脚跟的根基，抛弃中华优秀传统文化，我们将成为无源之水、无本之木，就如同割断了自己的精神命脉。世界历史发展证明了，如果一个国家仅仅依靠军事力量来维系，比如古代的罗马帝国、奥斯曼帝国、波斯帝国，都会迅速走向衰亡。一个抛弃了自己历史文化的民族，不可能发展壮大起来。同样身为四大文明古国之一的古巴比伦，在今天只剩下战火纷飞的伊拉克。一个国家如果没有传统文化来凝聚国人的思想，激发

① 中共中央文献研究室. 十八大以来重要文献选编（中）[M]. 北京：中央文献出版社，2016:5.

② 习近平. 把培育和弘扬社会主义核心价值观作为凝魂聚气强基固本的基础工程 [N]. 人民日报,2014-2-26(1).

③ 习近平. 在纪念孔子诞辰2565周年国际学术研讨会暨国际儒学联合会第五届会员大会开幕会上的讲话 [N].人民日报,2014-9-25(2).

民族自豪感和凝聚力，就永远不会发展壮大，甚至还会导致国家分裂解体。

继承弘扬优秀传统文化，要把中国传统文化讲清楚、阐释好。在如何弘扬传统文化方面，习近平总书记论述："要讲清楚中华优秀传统文化的历史渊源、发展脉络、基本走向，讲清楚中华文化的独特创造、价值理念、鲜明特色，增强文化自信和价值观自信。"[①] 唯有讲清楚、梳理好我们的文化资源，才能寻找到中华文化的"主根"，唯有始终植根于传统文化的沃土，把祖先留给我们的历史文物、文化遗产整合好，才能寻找到我们民族精神的"力量源泉"。

传承中华优秀传统文化，并不是做面子工程，更不是食古不化，而要将其发扬光大，推动其全方位融入经济建设、文化建设、道德建设和国民教育，使之更好地为人民大众服务。中华传统文化是古代先贤在思想观念、风俗习惯、生活方式方面的集中表达，其包含了深刻的哲学思想、人文精神、道德规范，深深地影响着世界文明，对世界文明的发展具有不可磨灭的历史作用和时代价值，不仅为治国理政提供有益启示，也为道德建设和教育事业提供素材和资源。在进行青少年教育时，我们必须要坚持夯实中国传统文化根基，重视中华传统文化研究，在延续民族文化血脉中前进，不断继承和发扬中华优秀传统文化，为培育和践行社会主义核心价值观服务。要引导青少年礼敬优秀传统文化，争做传统文化的传播者和践行者，为建设社会主义先进文化服务，为党和国家事业发展服务。

## 二、扬弃创新中华优秀传统文化

怎样对待本国传统文化是任何国家在现代化进程中都必须解决的问题。马克思曾说过："批判的武器当然不能代替武器的批判，物质力量只能用物质力量来摧毁；但理论一经群众掌握，也会变成物质力量。"[②] 传统文化是推进中国特色社会主义的重要动力，具有不可替代性，但传统文化并不都值得传承，我们应当保留与当前主流意识形态相符的精华部分，抛弃不适应时代和社会发展的糟粕。对于传统文化中那些陈旧过时的内容，要以马克思主义的批判精神来加以对待，秉持科学历史观，构筑新时代优秀主流文化。

坚守中华文化立场，决不能无批判地兼收并蓄。必须将古代封建统治阶级的一切腐朽的东西和古代优秀的人民文化即多少带有民主性和革命性的东西区

① 习近平. 习近平谈治国理政 [M]. 北京：外文出版社，2014:164.

② 马克思. 《黑格尔法哲学批判＜导言＞》. 马克思恩格斯选集（第一卷）[M]. 北京：人民出版社，1995:9.

别开来。① 要认真汲取中华优秀传统文化的思想精华和道德精髓，坚持有鉴别地对待，有扬弃地继承。党在领导社会主义革命的过程中，重视借鉴和运用历史经验，坚守中华文化独特的历史观、民族观，从而抵制西方文化价值观的渗透，抵制历史虚无主义的影响。但传统文化在一定程度上会受到历史条件的限制，绝对不能照搬照抄，而需要从传统文化中提炼出符合新时代需要的思想精华，赋予其时代意义，创新其形式，进行艺术转化和提升，不断推陈出新。正如习近平总书记所说，"要坚持古为今用、以古鉴今，坚持有鉴别地对待，有扬弃地继承，而不能搞厚古薄今、以古非今"②。只有通过有扬弃地继承，发挥中华优秀传统文化的引导作用，才能不断增强中华民族的自豪感。

邓小平曾说："一个党，一个国家，一个民族，如果一切从本本出发，思想僵化，迷信盛行，那它就不能前进，它的生机就停止了，就要亡党亡国。"③不忘本来，不是固守传统的文化复古，而是在传承基础上的创新发展。我们对待传统文化要进行科学分析，对有益的部分予以继承和发扬，对消极的部分加以抵制和克服。这要求我们进行青少年传统文化教育时，立足当代中国和世界现实，运用马克思主义辩证法对中国传统文化进行分析总结和概括。首先，按照新时代的要求，对那些今天仍有借鉴意义的文化内涵加以改造，赋予其新的时代内涵，激发其生命力和创造力。其次，按照时代的新进展，对中华优秀传统文化的内涵加以补充和完善，增强其影响力和感召力。习近平总书记在 2014 年 2 月 24 日的十八届中共中央政治局第十三次集体学习时强调："对历史文化特别是先人传承下来的价值理念和道德规范，要坚持古为今用、推陈出新，有鉴别地加以对待，有扬弃地予以继承，努力用中华民族创造的一切精神财富来以文化人、以文育人。"④ 发挥好传统文化的现实价值，关键在于我们从现实出发去诠释传统文化，并结合时代精神进行创造性转化和创新性发展。

毛泽东曾说："清理古代文化的发展过程，剔除其封建性的糟粕，吸收其民主性的精华，是发展民族新文化提高民族自信心的必要条件；但是决不能无

---

① 毛泽东. 新民主主义论. 毛泽东选集（第二卷）[M]. 北京：人民出版社，1991:707-708.

② 习近平. 在纪念孔子诞辰 2565 周年国际学术研讨会暨国际儒学联合会第五届会员大会开幕会上的讲话 [M]. 北京：人民出版社，2014:11.

③ 邓小平. 解放思想，实事求是，团结一致向前看（1978 年 12 月 13 日），邓小平文选（第 2 卷）[M]. 人民出版社,1994:143.

④ 习近平. 习近平谈治国理政 [M]. 北京：外文出版社，2014:164.

批判地兼收并蓄。"① 如何科学区分中华传统文化中的优秀成分是进行"两创"的前提，我们应具有传承中华优秀传统文化的品格和自觉。中华优秀传统文化凝聚着中华民族特有的精神基因，积淀着中华民族最深层的价值理念，呈现出强大的生命力和号召力，是中华民族绵延不绝发展强大的精神滋养，推动中华民族奋勇向前。但是，科学辨别传统文化的精华与糟粕并不容易。一方面，中华传统文化在五千多年的发展过程中，人是传承传统文化的主体，其主观因素是不可消除的，不同的人对传统文化有着不同的理解，在认识传统文化的过程中总是不自觉地将自身情感投射在认识对象上，这种主观认识的局限性造成传统文化传承存在某些重形式、轻内涵，以及功利化现象。因此，由于受到当时人们的知识水平及时代局限性的制约，传统文化不可避免地会存在过时或糟粕的内容。另一方面，中华传统文化是一个庞大复杂的系统。中华民族五千年绵延不绝形成的文化在不同历史时期都会形成不同的内涵，表现出不同的特点，由此决定了中华传统文化的复杂性，这在一定程度上对如何区分优秀传统文化造成阻碍。对待传统文化全盘肯定或全盘抛弃，都是非客观、非科学的态度，我们不能不加甄别将传统文化一刀切地定性为精华或者糟粕，而是要在实践中理性分析、科学对待。

江泽民同志曾在庆祝中国共产党成立80周年大会上的讲话中提到，"我国几千年历史留下了丰富的文化遗产，我们应该取其精华、去其糟粕，结合时代精神加以继承和发展，做到古为今用。同时，必须结合新的实践和时代的要求，结合人民群众精神文化生活的需要，积极进行文化创新，努力繁荣先进文化"②。中华传统文化博大精深，内容丰富，如何区分传统文化的精华与糟粕，需要纳入传统文化教育过程中，要尽力规避以往的不足，以更加客观理性的态度审视传统文化，这是继承和弘扬中华传统文化的关键。因此，青少年在学习传统文化时，必须坚持对中华传统文化进行理性分析，结合时代要求进行正确取舍。比如，儒家思想核心"仁"，在孔子以后，不同的朝代有不同的解释，既有积极的内核，又有封建主义的阐释，这就要求我们要破除陈旧思想，挖掘出符合新时代的积极内涵。此外，爱国主义在当下也有更为丰富的内涵，包括维护国家统一和团结、反对分裂，为国家民族发展建设贡献力量，以国家民族

---

① 毛泽东 . 新民主主义论（1940 年 1 月），毛泽东选集 ( 第二卷 )[M]. 北京：人民出版社 ,1991:707-708.

② 江泽民 . 在庆祝中国共产党成立八十周年大会上的讲话（2001 年 7 月 1 日），江泽民文选 ( 第三卷 )[M]. 北京：人民出版社 ,2006:278-279.

利益为先等，要求我们在把握爱国主义时要更加深入，更加全面。

进行青少年中华优秀传统文化教育，并不意味着回归封建，固步自封，而是要从中汲取智慧、总结经验。学校要在对传统文化去粗取精、去伪存真的基础上，总结提炼传统文化的本质内涵，才能实现传统文化的创造性转化和创新性发展。在新时代背景下，我们必须坚持以马克思主义为指导，坚守中华传统文化立场，用马克思主义引领中华传统文化建设，不断巩固全国人民团结奋斗的思想基础，使中华民族最基本的文化基因与当代文化相适应、与现代社会相协调。以青少年喜闻乐见的教育方式，把跨越时空、超越国度、富有永恒魅力、具有当代价值的文化精神弘扬起来，把继承传统优秀文化又弘扬时代精神、立足本国又面向世界的当代中国文化创新成果传播出去。

## 第三节　吸收外来，增强中华优秀传统文化的开放性

### 一、吸收外来，才能面向未来

何为外来，外来就是本民族文化以外的人类社会文明成果。江泽民同志曾经说过："必须继承和发扬一切优秀的文化，必须充分体现时代精神和创造精神，必须具有世界眼光，增强感召力。"[①] "吸收外来"要拥有开放包容的视野，全球化趋势不可逆转，狭隘地域性发展已经成为过去，任何国家都不可能关起门来搞建设，中国应该秉持客观、平等的态度看待外来文化，通过交流与对话，吸收借鉴有益成果。世界文化瑰宝比比皆是，我们面对的"外来"集聚着多姿多彩的世界文明成果。如同自然界物种的多样性，文化也具有多样性，共同构成人类世界的生命本源，也正是因为文化多样性才更有交流互鉴的价值。矛盾具有普遍性，世界上不存在十全十美的文化，也不存在一无是处的文化，文化并无高低优劣之分，因而要了解各种文化的真谛，必须秉持平等、谦虚的态度。文明因交流而多彩，因互鉴而丰富，要以文化交流超越文化隔阂，文化互鉴超

---

① 　江泽民.在庆祝中国共产党成立八十周年大会上的讲话（2001 年 7 月 1 日），江泽民文选（第三卷）[M].北京：人民出版社,2006:278.

越文化冲突，文化共存超越文化优越，积极与世界先进文化对话交流，融通国外有益的思想文化资源。

联系具有普遍性，世界各国的联系在全球化的浪潮中愈发紧密，怎样处理本民族文化与世界文化的关系，是所有国家都面临的重大问题。中国不可避免被卷入世界发展链条，我国同外部世界的交融性和关联性、互动性日益增强。纵观人类文明发展史，不同文化互相交流吸收，是人类社会发展的必然趋势。唐朝之所以有万邦来朝的影响力，与其开放、包容的盛唐文化密切相关。近代欧洲文艺复兴创造了灿烂的文化，开辟了世界文明新篇章，推动了欧洲早期资本主义的发展，也与文化的交流不无关系。邓小平认为："世界上的事物是变化多端的，社会是越发展越复杂，没有'百花齐放、百家争鸣'，我们的思想就会简单化，就跟不上世事、社会的发展变化。"[①]中国共产党的成立，中国特色社会主义道路的选择，都是源于马克思主义在中国大地上的伟大实践，由此可见，文化的繁荣与国家的繁荣发展紧密相连。历史证明，一个国家的文化体系越是多元，就越有生命力。越封闭自大的文化，必然导致国家的停滞和落后。晚清时期闭关锁国导致的被动挨打，教训已经非常深刻。全球化势不可挡，各国之间的相互影响日益加强，没有哪个国家能做一个自我封闭的孤岛，彻底与其他文化隔绝。要坚决摒弃排外主义和妄自尊大的自我主义，以海纳百川的大国气度，尊重和理解他国文化，自信地与他国交流互鉴，实现文明和谐。

在漫长的历史进程中，中华文化不断吸纳世界优秀文明成果是其永葆生机活力的重要因素。邓小平曾说："所有文艺工作者，都应当认真钻研、吸收、融化和发展古今中外艺术技巧中一切好的东西，创造出具有民族风格和时代特色的完美的艺术形式。"[②]只有不断吸收外来优秀文化，中华文化才能不断创新发展，才能持续保持活力，才能不断提炼升华，保持文化的先进性。中华文化的发展史就是一部不断吸收、借鉴、融合外来文化的发展史。例如，中国唐代对外交流十分活跃，据史料记载，与唐朝交好的国家多达70多个。文化交流促进了中华文化远播世界，也促进了各国文化传入中国。中国明代著名航海家郑和七次远洋航海，最远抵达非洲的肯尼亚，传播中华文化，留下了中国与各国人民友好交往的佳话。明清时期，我们向西方国际积极学习现代科技知识，

---

①　邓小平.在甘肃省、兰州市干部会议上的报告（1957年4月5日）,邓小平年谱（1904—1974）（下）[M].北京：中央文献出版社,2009:1354.

②　邓小平.在中国文学艺术工作者第四次代表大会上的祝词（1979年10月30日），邓小平文选（第二卷）[M].北京：人民出版社,1994:212.

天文学、数学、地理学知识纷纷传入中国，开阔了中国人的知识视野。

在世界多元化发展的今天，中国想要在文化软实力方面取得优势，就必须建立在坚定中华文化主体性立场的基础上，以开放的态度去对话世界文明，讲好中国故事，传播中国声音。讲好中国故事的素材就来源于我们五千多年的中华文化，来源于中华民族在长期历史文化积淀和民族融合中形成的独特价值观和历史智慧。讲好中国故事、传播中国声音的过程中，丰富的素材能帮助国际友人更好地理解中国方案和中国智慧，进一步推动国际合作互助。毛泽东曾说："中国应该大量吸收外国的进步文化，作为自己文化食粮的原料。"[①]开放的文化，就是借鉴和汲取西方先进文化，也就是"吸收外来"，目的是实现社会主义现代化和中华民族的伟大复兴，也就是"面向未来"。中华文明虽是在中国大地上产生的文明，同时也是同其他文明不断交流互鉴而形成的文明。当今世界是一个不断开放的世界，中国要在文明交流中兼容并蓄，包容自信地吸收他人之长。毛泽东说过："我们的方针是，一切民族、一切国家的长处都要学，政治、经济、科学、技术、文学、艺术的一切真正好的东西都要学。"[②]在漫长历史进程中，成就我们民族特色和文化精神的重要路径就是不断吸纳外来文化的精华。在世界文明交流融合的历史背景下，从本国实际出发，用批判的精神兼收并蓄、取长补短以此来丰富和发展中华文化，不断增加中华文化的广度和厚度。

## 二、培养国际视野，让中华优秀传统文化在交流互鉴中发展

当今世界，文化竞争日益突出，不断吸收外来文化，可以提高中华文化竞争力。吸收外来，就是要处理好中华传统文化与世界文化的关系，不断吸收外来文化，可以促进中华文化的升华，但是"吸收"不是"取代"。毛泽东曾说："所谓'全盘西化'的主张，乃是一种错误的观点。形式主义地吸收外国的东西，在中国过去是吃过大亏的。"[③]对外来文化我们要尊重，要借鉴，但借鉴的前提是以我为主，主次不能颠倒。吸收外来，要以我为主，科学扬弃，不盲目选择，更不能全盘西化。如果颠倒了主次，失去"以我为主"就失去了主心骨，

① 毛泽东.新民主主义论（1940年1月），毛泽东选集（第二卷)[M]，北京：人民出版社,1991:706.

② 毛泽东.论十大关系（1956年4月25日），毛泽东文集（第七卷）[M]，北京：人民出版社,1999:41.

③ 毛泽东.新民主主义论（1940年1月），毛泽东选集（第二卷）[M]，北京：人民出版社,1991:707.

造成盲目跟风，就会失去判断力和辨别力。"以我为主"，就是立足在中国大地上，站在中国的立场，决不能"唯洋是从"，更不能热衷于"去思想化""去历史化""去主流化"。吸收外来文化需要克服外来文化"水土不服"的问题，推动外来文化本土化。吸收外来文化，不是在文化上僵化地照搬照抄，而是在结合中国实际基础上的取长补短，努力促进中华文化薪火相传。吸收优秀的外来文化是为了更好地使中华文化"面向未来"，走向世界。坚持吸收外来，要学习和吸收外来文化的精髓。毛泽东认为："我们既反对盲目接收任何思想也反对盲目抵制任何思想。我们中国人必须用我们自己的头脑进行思考，并决定什么东西能在我们自己的土壤里生长起来。"[①] 在中外文化沟通交流中，我们要在独立自主的立场上，坚持自身主体地位去吸收借鉴他国文化，内化为适合中国自己的文化。站在中国的立场上，对外来文化才有一个正确的态度，才能产生出中国的取舍立场和标准。把外来文化根植在中国本土文化中，不断吸收外来文化中的有益成分，经过淘汰、融合、改造，转换为中华文化自身的组成部分。要立足国情进行中国本土化改造，使外来优秀文化在中国大地上生根发芽，形成中国气派、中国风格。中华文化始终以海纳百川的胸怀对待他国文化，这同时也是中华文明生生不息的原因所在。

当前，中国依然在积极推动与世界文化的交流互鉴。借助"一带一路"经济合作，以互利互惠、平等尊重、多元共鉴的态度面对外来文化，吸收借鉴一切有利于我国文化发展的优秀成果，让世界文化在和谐氛围中和平共处。但是中国的经济、文化越是开放，西方社会就越有可能通过各种途径传播资本主义的价值观念。随着经济全球化的深入，西方价值观在中国得到迅速传播，西方敌对势力对我国文化的渗透日趋隐蔽，资本主义的腐朽思想在中国滋生繁衍，这些给我国的文化带来了严峻的挑战。这就要求我们坚持弘扬中国精神的民族底色，积极回应世界性挑战。在新时代视域下，我们要树立强烈的战略意识，提升中华文化的世界影响力，提升国家文化软实力。吸收外来文化的目标就是要增强中华文化的生命力，使中华文化繁荣发展，而不是让外来文化取代中华文化，更不是让中华文化消失殆尽。"变次为主"就会"喧宾夺主"，造成思想混乱。外来文化也是先进与落后同处、神奇与腐朽共存，因此，对待外来文化，我们需要吸收适合我国的、先进的、积极的文化，要有分析和鉴别，需要辩证取舍。

---

① 毛泽东.同英国记者斯坦因的谈话(1944年7月14日),毛泽东文集(第三卷)[M].北京:人民出版社,1996:192.

毛泽东曾经说过："应该学习外国的长处，来整理中国的，创造出中国自己的、有独特的民族风格的东西。"[①] 吸收外来，关键在"用"。我们吸收外来文化，目的是使外来文化与中华文化相融合、相促进，以此来提升、创新、发展中华传统文化。实践是检验真理的标准，"用"是检验外来文化好不好的标准，在文化交流实践中，我们才能清楚认识外来文化的本质，才可以正确地为我所用。"用"也是创新外来文化的过程。吸收外来文化，不是简单的把两种文化相加。而是文化的融合，产生新的文化形态，诞生新的文化样式，为中华文化带来新的活力，为中华文化开辟新的境界。习近平总书记说过："中华民族是一个兼收并蓄、海纳百川的民族，在漫长的历史进程中，不断学习他人的好东西，把他人的好东西化成我们自己的东西，这才形成我们的民族特色。"传入中国的外来文化，有许多有益的部分，对实现中国传统文化创新与发展有着不可或缺的作用。但是要用开放姿态走向世界舞台中央，我们还面临着诸多挑战，应当以兼收并蓄的方式，广泛吸收借鉴国外的优秀文化，做到"以我为主，为我所用"，为中国传统文化注入新活力。与此同时，我们也要警惕外来文化带来的负面影响，要提高对外来文化的鉴别能力。尤其是互联网迅猛发展的时代，许多不法分子通过网络向网民灌输不好的理念，破坏民族团结与社会和谐，颠覆青少年的传统价值观，阻碍我国社会的发展。

新时代处理好"中"与"外"的关系就必须立足本土，始终保持对中华文化的自信，又要在汲取世界文明养分中实现创新发展。在文化多元化的背景下，中华民族一直不断坚持吸收外来优秀文化，借鉴人类创造的一切优秀文明成果来发展中国特色社会主义文化，为自身文化繁荣提供取之不竭的养料和活力。在新时代视域下，我国展现出世界胸怀和视野，在多种文化互鉴中博采众长，将文化的对外开放提升到新水平，增强中国传统文化的影响力和号召力。创造与世界各国人民沟通的新语境，让中华优秀传统文化走出去，在交流互鉴中实现新发展。通过这种方式，不但能够培养青少年的国际视野，同时也有利于中国特色社会主义文化的繁荣兴盛。学校在进行青少年文化教育的时候要树立全球视野和问题意识，坚持文化的交流互鉴的心态，以正确的姿态和世界的眼光来对待与他国的文化交流。

---

① 毛泽东．同音乐工作者的谈话（1956 年 8 月 24 日），毛泽东文集（第七卷）[M]．北京：人民出版社，1999:83.

# 第四节　面向未来，秉持中华优秀传统文化的创新性

实现中华民族伟大复兴是近代以来中华民族最伟大的梦想，也是中华文化面向的"未来"。面向未来要始终坚持为实现中华民族伟大复兴和人类更美好的未来提供文化滋养和精神指引。中国特色社会主义进入新时代，我国的社会主要矛盾已经转化为人民日益增长的美好生活需要和不平衡不充分的发展之间的矛盾。"实践是发展的，理论也应是发展的。"①应对新的矛盾，需要进行全面深化改革，不仅涉及经济、政治、制度、军事等，也需要深化文化供给侧改革，促进文化高质量发展。2014年2月17日，在省部级主要领导干部学习贯彻十八届三中全会精神全面深化改革专题研讨班开班式上，习近平总书记提出："要加强对中华优秀传统文化的挖掘和阐发，努力实现中华传统美德的创造性转化、创新性发展，把跨越时空、超越国度、富有永恒魅力、具有当代价值的文化精神弘扬起来，把继承优秀传统文化又弘扬时代精神、立足本国又面向世界的当代中国文化创新成果传播出去。"中华传统文化的创造性转化与创新性发展是当下我们建设社会主义强国的必然选择，但随着时代的变化与发展，我国也形成了思想多元化的发展趋势，很多不良思想给社会造成了极为不利的影响。目前我们对待传统文化的态度仍然不够客观和理性，传统文化的创造性转化与创新性发展也不尽如人意。因此，当前社会环境下必须要统一思想，尤其是要注重青少年的思想引领，为我国社会主义现代化建设做好充分的思想保障。真正要做好青少年思想工作，就必须要面向未来，立足于中华民族在历史发展过程中形成的优秀传统文化和思想道德观念，为我国建设中国特色社会主义形成强大的精神信念，推动中国特色社会主义不断向前发展。

## 一、实现中华优秀传统文化的创造性转化与创新性发展

文化发展归根结底是由经济决定的，以经济关系为核心的社会物质基础构成传统文化创造性转化和创新性发展的先决条件。新时代的历史起点对传统文

---

① 毛泽东，读米丁，等.《辩证唯物论与历史唯物论》（上册）一书的批注（1937年7月以前），沈志远译，毛泽东哲学批注集 [M]. 北京：中央文献出版社,1988:144.

化的转化提出了明确要求，中华传统文化要在新时代经济基础上，适应新时代经济发展状况的需要。新时代人民日益增长的精神文化需求与文化发展不平衡不充分的矛盾，要求中华传统文化必须回应时代难题，坚持中华传统文化服务于人民，经过创造性转化和创新性发展来满足当代人民的精神文化需求。江泽民曾经说过："创新是一个民族进步的灵魂，是一个国家兴旺发达的不竭动力，也是一个政党永葆生机的源泉。"①激活传统文化活力离不开创新，创新是传统文化创造性转化与创新性发展的内在要求。中华优秀传统文化创造性转化与创新性发展绝非是宣传口号，更是我国的重大战略任务，对于延续中华文化命脉、提升国家文化软实力、维护国家文化安全等都具有重大战略意义。新时代所提出的中华传统文化创造性转化和创新性发展的重大课题，必须要在新时代背景下准确定位传统文化的内涵与价值，科学辨别传统文化的精华，在传承中华优秀传统文化精髓的基础上，激发传统文化的创新活力。弘扬中华优秀传统文化需要科学的态度，也需要科学的方法。创造性转化就是要按照时代的要求，紧密结合我们当下的实际情况，对传统文化中具有普遍价值和借鉴意义的地方进行深度挖掘，改造那些不适应当前社会的表达方式和表现形式，赋予其时代内涵。通过这样的方式，让更多优秀传统文化活起来，为人们所接受和继承发扬。创新性发展就是使中华优秀传统文化的精华和精髓，与时代特征紧密结合，升华为当代社会的价值理念。在坚持社会主义先进文化前进方向的基础上，将传统文化面向世界，使优秀传统文化融入社会主义现代化建设，激活优秀传统文化活力。同时也是将中华优秀传统文化中积淀的最深厚的文化价值、最深层的人文精神挖掘出来，阐发出来，为培育和弘扬社会主义核心价值观提供丰厚土壤。创造性转化和创新性发展是相互联系的，是在继承中创新、在创新中继承的统一过程。对待传统文化，不能"一刀切"，这就要求我们要深入探求"两创"的科学内涵，结合新时代需求区分好传统文化的精华与糟粕，融通与创新。

（一）中华优秀传统文化创造性转化与创新性发展需要激活与创新

胡锦涛同志曾在中国文联第八次全国代表大会、中国作协第七次全国代表大会上说过："推进文化发展，基础在继承，关键在创新。继承和创新，是一个民族文化生生不息的两个重要轮子。"②优秀传统文化要在新时代获得发展

① 江泽民.不断根据实践的要求进行创新（2000年6月20日），江泽民文选（第三卷）[M].北京：人民出版社，2006：64.

② 胡锦涛.在中国文联第八次全国代表大会、中国作协第七次全国代表大会上的讲话（2006年11月10日），十六大以来重要文献选编（下）[M].北京：中央文献出版社,2008:756.

绝对不能只停留在继承阶段，不能仅仅满足于对古代传统文化的保存，更重要的是对其内涵进行现代性诠释，激活传统文化中的优秀因子。江泽民同志在全国宣传思想工作会议上讲到："我们讲继承、讲借鉴，目的是通过继承和借鉴，使民族传统文化、外来文化的精华，同我们党领导人民在长期革命和建设中形成的优良传统和革命精神有机地结合在一起，并在新的实践基础上不断创新，建设和发展有中国特色的社会主义文化。"① 中华优秀传统文化蕴含的思想理念、道德规范不仅能够为人们认识，为国家和社会治理提供有益启示，为建设人类命运共同体提供中国智慧。"创新文化孕育创新事业，创新事业激励创新文化。"② 中华传统文化在新时代中国特色社会主义的发展必须要立足于时代要求，顺应时代发展的潮流，根据新时代所提出的新要求不断发展、创新、完善。中华优秀传统文化是中华民族传承发展的根本和血脉，其中蕴含的价值内涵可以超越时空而留存下来。要实现传统文化的创造性转化与创新性发展必须要清楚中华优秀传统文化的历史渊源、发展脉络，要搞清楚优秀传统文化源与流的问题，以历史的眼光穿透其演变历程。

（二）中华优秀传统文化创造性转化与创新性发展要以马克思主义为指导

要实现传统文化的创造性转化与创新性发展一定要处理好中华优秀传统文化与马克思主义的关系。弘扬优秀传统文化并不与马克思主义相冲突，马克思主义的指导地位任何时候都不可动摇。马克思主义与中华优秀传统文化虽然是在不同历史条件下产生的两种思想文化体系，但是二者在许多方面却是辩证统一的关系：中华优秀传统文化的海纳百川、有容乃大为马克思主义在中国的生根发芽打下了坚实的基础。马克思主义的辩证唯物主义和历史唯物主义又指导和推动了传统文化的现代化发展。马克思主义始终是党和国家的指导思想，是我们认识世界和改造世界的思想武器。建设中国特色社会主义文化，就是要坚持以马克思主义为指导，用马克思主义的立场、观点、方法改造中华传统文化，从而推动其创造性转化与创新性发展。

毛泽东认为："实行百花齐放、百家争鸣的方针，并不会削弱马克思主义

---

① 江泽民.在全国宣传思想工作会议上的讲话(1994年1月24日),论党的建设[M].北京：中央文献出版社,2001:136.

② 胡锦涛.坚持走中国特色自主创新道路，为建设创新型国家而努力奋斗（2006年1月9日），十六大以来重要文献选编（下）[M].北京：中央文献出版社,2008:193.

在思想界的领导地位，相反地，正是会加强它的这种地位。"①中华传统文化与马克思主义二者是辩证统一、融会贯通的。既不是马克思主义在中国传统文化土壤中的简单移植，也不是中国传统在马克思主义框架中的修正与延续。以马克思主义为指导是实现中华传统文化创造性转化与创新性发展的重要条件。无论是"传统文化热"中对待传统文化过于浮躁，还是"文化决定论""文化保守主义"等错误思想，都对社会产生了不良影响，不利于形成科学的文化态度。归根结底都是由于缺乏马克思主义的正确指导，从而导致了这些错误认识的产生，阻碍了传统文化的创新与发展。因此，要实现中华传统文化的创造性转化与创新性发展，激发中华传统文化生机与活力，必须要运用马克思主义为指导，科学处理"两创"中的"守"与"变"的关系。

科学处理二者的关系必须要坚定马克思主义基本立场，运用辩证唯物主义和历史唯物主义，科学理性地在扬弃中继承和弘扬中华优秀传统文化。一方面，要尊重中华传统文化的发展规律，守住优秀传统文化核心价值理念。另一方面，要坚持古为今用，着眼于新时代中国特色社会主义发展的需要。中华优秀传统文化的创造性转化与创新性发展必须要坚持唯物史观的观点方法，将中华传统文化置于新时代中国特色社会主义语境之下，立足于新时代的社会实践。也就是说，我们需要在马克思主义的指导下，立足于新时代新的历史定位，从而确定中华传统文化精华与糟粕的取舍标准，深挖传统文化的精髓，促使中华民族文化基因与中国特色社会主义文化相适应，从而推动优秀传统文化创造性转化与创新性发展。

（三）中华优秀传统文化创造性转化与创新性发展要以人民为中心

实现文化的创造性转化与创新性发展必须坚持以人民为中心。毛泽东认为："真正人民大众的东西，现在一定是无产阶级领导的。资产阶级领导的东西，不可能属于人民大众。"②尽管弘扬传统文化已经成为人们的共识，但由哪个主体来承担这一工作，这个主体依据什么原则来对中华传统文化进行评价和选择，从而实现传统文化的创造性转化、创新性发展的问题并没有解决。尽管学界都不同程度地强调重视和弘扬传统文化，但对中国文化的"古"与"今"关系存在着不同的选择，发出了不同的声音，也印证出实现传统文化创造性转化、

---

① 毛泽东.关于正确处理人民内部矛盾的问题(1957年2月27日)[A],毛泽东文集(第七卷) [M],北京：人民出版社,1999:232.

② 毛泽东：在延安文艺座谈会上的讲话（1942年5月），毛泽东选集（第三卷）[M].北京：人民出版社,1991:855.

创新性发展的困难和障碍。当前文化浮躁的现象比较普遍，部分人"文化功利主义"倾向严重，借弘扬传统文化之名行趁机敛财之实，对中华传统文化的传承缺乏耐心和敬畏，没有回应人民的真实需求，这背离了以人民为中心的原则，是当前传统文化传承、发展和创新面临许多难题的原因之一。恩格斯认为，文艺作品要从现实生活中的"人"出发，围绕有生命的个体展开，多反映人民群众的丰富生活。毛泽东曾说："我们的文化是人民的文化，文化工作者必须有为人民服务的高度的热忱，必须联系群众，而不要脱离群众。"①马克思主义认为，人民群众是物质财富的创造者，是精神财富的创造者，传统文化必须要和人民相融合才能具有长久的生命力和创造力。因此，新时代的文化要来自于人民，服务于人民，满足人民对美好生活的向往和需要。

胡锦涛同志曾经说过："文化是最需要创新的领域，只有把握时代脉搏、反映时代精神、贴近现实生活、引领人民思想的文化，才能始终赢得人民，才能始终成为社会进步的先导。"②人民性是中国特色社会主义文化的主要特征，中华传统文化必须要坚持以人民为中心的价值导向，以根本上要看能否满足为人民服务的需要，能否满足为中国特色社会主义文化服务的需要，能否满足为中国社会主义现代化建设服务的需要。中华优秀传统文化是人民群众创造的，也是人民群众所共有的精神家园。毛泽东在延安文艺座谈会上讲到："必须到群众中去，必须长期无条件地全心全意地到工农兵群众中去，到火热的斗争中去，到唯一的最广大最丰富的源泉中去，观察、体验、研究、分析一切人，一切阶级，一切群众，一切生动的生活形式和斗争形式，一切文学和艺术的原始材料，然后才有可能进入创作过程。"③以人民为中心是中国共产党在思想上一面鲜明的旗帜，只有面向人民大众的文化，才能熔铸在中华民族的生命力和创造力中，才能为全面建设小康社会提供强大的精神力量。人民是中国共产党开展一切工作的出发点和落脚点。首先，要营造全体中国人民共同保护优秀传统文化的良好氛围，吸引人民群众关注和参与弘扬中华优秀传统文化的实践，更好地发挥以文化人的功能，更好地满足人民日益增长的美好文化生活需要。其次，优秀传统文化的发展创新必须紧紧围绕人民的现实生活，反映人民的意

---

① 毛泽东．文化工作中的统一战线（1944 年 10 月），毛泽东选集（第三卷)[M]．北京：人民出版社,1991:1012.

② 胡锦涛．胡锦涛文选（第三卷）[M]．北京：人民出版社，2016：69.

③ 毛泽东．在延安文艺座谈会上的讲话（1942 年 5 月）[A]，毛泽东选集（第三卷)[M]．北京：人民出版社,1991:860—861.

愿和需要，从人民的实践活动中汲取养分和力量，将人民作为激发传统文化生命力的现实土壤。最后，立足于人民的真实需求和根本利益，把人民满意度作为评判传统文化转化效果的重要标尺，打造新时代的优秀传统文化产品，让全体人民共享中华优秀传统文化创新成果。

## 二、中华优秀传统文化在青少年教育中的方法创新

传统文化教育需要摒弃强制性教育。传统课堂通常偏向于对青少年知识方面的教育，较为缺少对青少年的人文教育和传统文化教育。在已有的传统文化教育中，主要以渗透教育为主，并且以众多经典文学著作为优良的教育教材，因此很多学校以"诵读经典古诗词"作为主要的传统文化渗透教育方式。长此以往，诵读式教育必定会陷入"课堂教学"的陈旧教学模式循环中，机械性与重复性的朗读和背诵成为传统文化教育的主要方法，会使青少年产生厌烦感，而不能完全理解和渗透其中重要的教育意义。因此，要提高传统文化教育的有效性，即便是学校开设中华优秀传统文化教育的部分课程，也不应采用强制性灌输的方式使青少年被动接受中华优秀传统文化，而应采用寓教于乐、养正于蒙、言传身教、耳濡目染等教学方法。

寓教于乐。加强和创新中国传统文化的阐发，要重视传统文化的传播方式。学校不能一味地拘泥于空洞的宣传教育，可以专门开设关于中华优秀传统文化教育的"读诗词"与"讲历史"课程，以及一些以优秀传统文化为主题的课外活动，使中华优秀传统文化成为学校、教师、青少年都高度关注的必修教育内容。也可以采用诗歌比赛、主持演讲、古典音乐、乐器、舞蹈等多种方式，观看电视媒体推出的与传统文化相关的节目，如《中国诗词大会》《汉字听写大会》《朗读者》《见字如面》等弘扬中华传统文化的综艺节目，对于青少年的渗透教育都具有良好的效果。除此之外，中华传统文化又有着诸如古文、国画、书法、乐赋、戏剧、曲艺等多种形式，针对青少年群体特点，研究合适的途径，做好优秀传统文化在立德树人中的应用工作。将我国传统文化遗产、优秀民俗文化、古代经史典籍、优秀诗词歌赋、对弈和国画艺术等中华优秀传统文化融入青少年教育。还可以将诸如中华典故重新演绎代入课堂，将剪纸、戏曲、杂技等传统文化设立为选修课等，以此加强青少年传统文化教育。积极开展传统文化课外阅读活动，也能使青少年从中感受到中国优秀传统文化的魅力所在，如在学校开设"国学朗读班"，多创造一些青少年接触优秀传统文化的机会，从而提高青少年的传统文化素养。也可以依托青少年社团等，加强国民礼仪教育，开

展社会实践、志愿服务、文艺体育等形式多样、丰富多彩的活动。建立传统文化体验、主题教育实践活动、志愿者服务和公益性活动相结合的长效教育机制。

深挖传统文化教育资源。中国传统文化经过上千年的发展与演变已经形成了较为完善的道德与教育体系，内容很多，例如，以屈原投江为代表的爱国精神、孔融让梨为代表的谦让美德、唐太宗百字箴言为代表的修身克己的人格追求。深入挖掘优秀传统文化精髓，将其融入对青少年的教育中，从青少年熟知、感兴趣的文化典故和传统技艺入手，使青少年教育更富有生活气息，可以改变教育"不接地气"的局面，激发青少年的兴趣。除此之外，我们还可以从其他各个方面深挖传统文化教育资源。例如，汉字简化后，我们还了解汉字的意义吗？我们了解自己姓氏的来历吗？我们知道汉服所表示的文化内涵吗？中国自古以来提倡礼乐文化，外在礼仪形式中包含着深厚的文化内涵。除了仪式举行，更重要的是"礼"的内涵意义的传达。在传统的庆祝和祭祀节日、民俗节庆等活动中，除了仪式外，要重视传承下来的传统乐曲对人的精神的熏染和陶冶作用。同时，重视向民众传达乐曲所表达的文化精神内涵。要把中国传统的建筑文化、衣冠服饰文化中蕴含的设计理念和文化内涵继承并融入现今的服饰设计、建筑设计、城市规划中。要把传统的香茶花艺、琴棋书画等陶冶人性情的高雅艺术传授给孩子和民众，让广大民众切身感受到中华传统文化经久不衰的魅力与韵味。当今时代弘扬中华优秀传统文化，对传统文化进行创造性转化和创新性发展，就要在文学影视等艺术创作中把中华优秀传统文化元素与现代审美相融合，深入挖掘历史文化资源并进行整合加工，以此转化为诗歌、小说、歌舞、绘画、雕塑、戏剧、电影、电视、动漫、游戏等丰富多彩的艺术形式，打造出既反映时代特色又涵养人们心灵的文艺精品。

开展传统文化交流。推动中外文化交流互鉴，充分运用海外中国文化中心、孔子学院、文化节展、文物展览、博览会、书展、电影节、体育活动、旅游推介和各类品牌活动，助推中华优秀传统文化的国际传播，讲好中国故事、传播好中国声音、阐释好中国特色、展示好中国形象，利用节日文化加强青少年传统文化教育。中国传统节日文化源远流长、内涵丰富，但在全球化时代，外国大量的节日文化纷至沓来并受到青少年群体的热烈追捧，我国传统的节日文化却逐渐被遗忘。中国传统节日文化蕴含着深厚的文化底蕴和民族精神，在青少年教育过程中扮演着极为重要的角色，因而充分发挥好新媒体的优势和特点，加强青少年的中国传统节日文化教育，对于我国社会的全面发展具有重要的推动作用，对于全面提升青少年的综合素质、继承和弘扬中华民族优秀的传统文化及建设社会主义文化强国都具有重要意义。中国传统节日文化源远流长、内涵丰富，但因其思想内容深刻、哲理意味浓厚、时间跨度较大，许多学习内容是和现代青少年的生活相脱节的，在某种程度上难以被青少年所认识和接受。基于此，要充分利用新媒体的创新手段对中国传统节日文化的学习内容进行加工和处理，包括对文字、声音、图像等的处理，使之成为形象生动、图文并茂、声像结合的有效教育资源。围绕中华优秀传统文化、红色文化主题，设计贴近青少年、形式活泼、内容丰富的活动，同时还可以将主题教育延伸到网络新媒体平台上，建设"二十四节气""传统节日文化"等。在青少年群体中有效地开展各类中国传统节日文化主题活动，有利于引导青少年积极健康地坚守本民族的文化自信。

利用节日文化加强青少年传统文化教育。国家非常重视传统节日，将清明、端午、中秋、春节设定为法定节假日。但是千百年流传下来的传统节日因为活动形式的陈旧和单调，对现在的年青人缺乏必要的吸引力，很多年轻人不了解传统节日的起源及其意义，因而对传统节日并没有深厚的感情，导致传统节日出现有假无节的现象。任何一种文化都离不开历史的积淀，对文化的良性认同也离不开对当下文化的观照。[①] 我们应当为传统节日注入新的时代精神和时代内涵，采取当代青年喜闻乐见的活动形式，让传统节日充满时代的活力，展现时代风采和青年风采，把传统节日打造成当代青少年真心喜爱和热心参与的节日。在当下，可以借助新媒体手段组织和实施节日活动，对于提升和扩大节日活动的覆盖面和影响力有积极的促进作用，将传统的、单一的强制性和灌输性的纯理论学习有效地转化为生动化和形象化的学习，以更加艺术性和特色性的方式，鼓励和引导青少年积极主动地学习中国传统节日文化，从而有效地提升中国传统节日文化教育工作的感召力，让当代青少年在参与传统节日活动中，感受中华民族共同的精神追求和价值理念，进一步强化他们对中华文化的认同感和归属感。

观摩历史文化古迹。中华优秀传统文化不仅存在于浩如烟海的文化典籍之中，也存在于960万平方公里的广袤中华大地上。中国有着众多文化遗迹和历史文物，组织青少年观摩历史文化古迹、红色文化古迹、参观文化遗址和历史博物馆，可以让青少年在欣赏壮美建筑和精美文物的过程中，重温中华文化发展的艰辛历程，了解中国古代取得的辉煌成就，领略中华传统文化的博大精深，认识中华民族的伟大创造力。学校可以与当地文化遗址和博物馆建立合作关系，共建中华优秀传统文化教育和实践基地。目前传统文化实践教学面临着资金、

---

交通、管理等诸多难题，充分挖掘和运用当地资源对青少年进行传统文化教育，可以有效地节约成本。学校可以按照爱国、勤学、修身、家风、廉政等主题，或者按照物质、制度、文化等板块，对当地传统文化资源进行梳理和整合，构建系列化的中华优秀传统文化教育和实践基地群，让青少年通过参观全面系统地了解中华传统文化的发展脉络。在周末或者节假日，教师可以组织青少年前往当地具有历史文化风貌的地方实地考察。例如，历史博物馆、纪念馆、故居旧址、名胜古迹、文化遗产、民俗馆、经典古巷等地方现场教学，实地感受传统文化、地方文化、民俗文化的魅力。文化遗址和博物馆等文化机构可以将传统和现代传播手段结合起来，以多种形式推动"中华优秀传统文化进校园"活动。学校还可以组织青少年到传统文化教育实践基地开展公益活动，为游客讲解传统文化知识，宣传文物保护的法律法规，引导游客文明参观，协助做好志愿宣传和服务工作。青少年在公益活动中不但可以增强服务社会的意识，还可以积累实际工作经验和增长自身才干。

耳濡目染。实行有效教学的必要条件之一是营造良好的学习氛围与创设教学环境，在学校启蒙教育过程中渗透中华优秀传统文化，创建一个有益于中华优秀传统文化教育的教学环境是极其必要的，例如，以班级作为基础单位布置教室，使每个青少都年积极参与其中，创设中华优秀传统文化的空间情境，在教室墙壁上悬挂古代文学家的画像及古代著名书法家撰写的名言警句墨宝和经典的名诗名句；教师组织青少年在黑板报上创立"今日中华传统文化"小专栏，以"优秀传统文化与经典文学知识展现"为主题，使每位青少年轮流更换抄写布置优秀传统文化专栏的教学内容，以此营造一种浓厚的教学氛围；另外，学校组织各科教师开展教研，重视课堂教学的导入，为青少年创设传统文化浓郁的语言情境和积极的学习氛围，教师可以在每节课前讲述一些经典古诗词背后的历史故事，音乐和美术教师可以在美术课和音乐课堂教学导入过程中，为青少年展示古代经典的名画作品，播放优美的古代音乐作品，使课堂的优秀传统文化气氛浓厚，调动起青少年的学习兴趣与参与学习的积极性，从而达到中华优秀传统文化教育有效渗透的目的。在中华优秀传统文化渗透教育中，青少年思想品德修养是指导个体健康成长与发展的必要内容，这意味着青少年的德育教育应居于学校教育的首要地位。而中华优秀传统文化中诸多内容都可以作为青少年德育教育的模本，如《三字经》《弟子规》等。在我国德育教育日趋形式化的学校教育中，优秀传统文化教育的实施可以填补青少年德育教育的缺陷，为青少年思想道德发展提供正确的指导方向。此外，来自民间文学的想象与艺术灵感也可以充分利用，很多现代动漫就取材于非物质文化遗产的民间母题元素，并加以创造性发挥，用超现实的手法、现代的光影技术，获得了广大观众的喜爱，使非物质文化遗产的民间文化资源获得了广泛的传播。2019年取得巨大票房实绩的《哪吒之魔童降世》和2015年获得好评如潮的《西游记之大圣归来》，都是从古老神话传说中获得母题与创作灵感的，这两部3D动漫电影的成功经验很值得我们借鉴。

### 三、中华优秀传统文化教育的载体创新与环境创新

社会存在与社会意识关系的马克思主义基本原理，奠定了教育环境论的唯物论基础。马克思主义经典作家在对唯心主义教育环境论批判的同时，对机械唯物主义的环境论也进行了评析，"环境是由人来改变的，而教育者本人一定是受教育的。"① 马克思主义环境论，既是唯物的，又是辩证的；既是现实的，又是历史的。社会环境对人的思想品质的影响随着社会历史的发展表现出不同的特征，形成性质不同的历史阶段。而人接受环境的影响不是消极的、被动的，是一个积极的、能动的过程。人在环境面前具有主观能动性，可以通过实践活动改变环境，改变思想道德状况。推广优秀的传统文化有利于提高青少年的道德素养，对青少年世界观、人生观、价值观的形成具有重要作用。另外，青少年学习优秀的传统文化，能提高青少年的文化底蕴，使社会主义核心价值观得到弘扬，有利于培养青少年为国为民的高尚道德品质。因此，我们需要优化传统文化教育的载体和环境，从而促进青少年传统文化教育。

### （一）中华优秀传统文化在青少年教育中的载体创新

网络教育是未来教育发展的重要形式之一。网络教育运行于网络虚拟空间中，在运行方式、对象、内容、效果等方面具有与传统教育方式不同的特性，能够更好地适应当代快节奏的生活方式。新时代的青少年往往是伴随着网络成长的，其学习、生活和思维方式深深受到互联网的影响，网络已经成为他们生活中必不可少的一部分。中华传统文化是中华民族智慧的结晶，蕴含着丰富的内涵，是青少年教育的优秀素材。对新时代青少年进行中华优秀传统文化教育，必须要充分运用网络等新兴媒体，将传统文化渗透到青少年教育过程中，使青少年道德素质得到提升，使中华优秀传统文化得到弘扬。与传统媒体相比较，网络有着明显的优势，充分运用网络载体，能够加强传统文化在青少年教育中

---

① 　中共中央马克思恩格斯列宁斯大林著作编译局. 马克思恩格斯选集（第一卷）[M]. 北京：人民出版社，2012:134.

的有效性。首先，网络信息传播速度快，可以为青少年提供丰富的学习内容。网络可以提供海量信息，其传播速度和传播范围是传统媒体无法比拟的。其次，传统媒体一般采用文字形式，受众需要有较高的识字率，年龄较小的青少年阅读起来较为困难，而且文字阅读花费时间较长。网络可以利用图片和视频等直观的方式更便于青少年群体接受。再次，网络可以通过碎片化的方式得以传播，使信息交流的选择性和自由度更高。教师可以积极引导青少年将碎片化时间进行整合，利用网络进行中华优秀传统文化的学习。最后，网络改变了传统媒体单向度的信息输出，更加符合当代青少年主体性的需要，满足了青少年的表达诉求。

随着新媒体的发展，教师和青少年的信息获取都有了更为广阔的空间。学校要提高教师的媒介素养，提高其现代教学技术的应用能力。新媒体的出现改变了传统教育模式中教育者的单向输出方式，教育主客体的双向互动性日趋明显，优化传统文化的教育模式必然要发生改变。对于传统文化教育来说，教师自身的人文精神和学识水平是教育教学最重要的条件，通过自身渊博的学识和生动的讲述，激发青少年的学习兴趣，拓展青少年的学习视野。然而，新时代的教师同时需要具有媒介素养，利用新媒体才能更好地深挖中华传统文化的时代价值，提高教师的授课能力。学校可以通过教师培训的方式全面提高教师的媒介素养，使之掌握视频、微课、网络课堂、课堂直播等多种教学形式与方法，引导青少年以新媒体为媒介，主动参与到中华优秀传统文化的学习中来。通过提升教师自身的媒介素养，掌握更多的互联网知识，通过信息过滤与文化认同，吸纳其快捷直观、形象可感的有利因素，引导青少年对传统文化的认知与接受，增进其与传统文化教育之间的互动。

利用网络将中华传统文化渗透到青少年教育中需要遵循青少年群体的特点。教师利用新媒体对青少年进行传统文化教育，需要从青少年的实际情况出发，既考虑到教育教学本身的要求，又要结合青少年的特点和兴趣，将优秀文化的教学内容与新媒体技术手段有机融合。首先，教师要注重在课堂教学中结合现代信息技术，发挥新媒体的开放性和互动性优势，使之与传统文化教学相结合，最大限度地激发青少年学习中华优秀传统文化的积极性和参与度。其次，教师可以运用新媒体的便捷性，将中华优秀传统文化教育的相关内容制作成微课和精品课程，以网络课程在线共享传统文化。通过拓展青少年学习中华优秀传统文化的空间，增强与青少年线上线下的交流互动，给青少年提供课后参与优秀传统文化学习的机会，组织他们通过更多的渠道参与到优秀传统文化的学习中，达到师生之间的双向沟通，从而实现良性互动。再次，教师可以通过形式多样的网络文化传播形式，对青少年进行传统文化网络资源共享。例如，可以将中华优秀传统文化制作成具有文化特色的经典视频，或者将中华优秀传统文化与动漫、音乐等青少年喜闻乐见的时尚元素相融合。最后，学校可以通过创建一些在线校园栏目，鼓励青少年根据自己的兴趣进行资料收集与整理，积极参与，以激发青少年主动学习中华优秀传统文化的兴趣，不仅让青少年在潜移默化、寓教于乐中参与学习，还可以使青少年更全面、更系统地掌握中华优秀传统文化，从中华优秀传统文化中汲取力量。

青少年时期正是三观形成和确立的关键时期，他们思想活跃，对新媒体的参与度较高。但当前我国不断受到西方快餐式文化的冲击，出现了消极影响，表现出浮躁、好逸恶劳的不良心态。特别是网络上所传达的信息大多是未经筛选和过滤的，其中不良文化使少部分青少年出现了个人价值取向偏移的问题，给青少年的身心健康带来了不良影响。在新媒体时代，加强我国优秀传统文化的熏陶，从小培养青少年的民族精神事关重要。对青少年进行中华优秀传统文化教育，教师必须要加强对青少年的引导，减少信息碎片化、泛娱乐化的不利因素，要坚决抵制故意抹黑中华传统文化的行径，对传统文化的错误观点要进行纠正，引导青少年树立正确的历史观和价值观，坚持正确的评价立场和评价标准。

## （二）优化中华优秀传统文化教育环境

校园是青少年学习和生活的地方，学校是教育的培养基地，是传播思想观念的主要渠道，是培育健全的青少年的主要阵地，是贯彻与落实国家倡导的主流价值观的重要场所。学校将中华优秀传统文化中正确的道德观念和行为规范等主要内容，通过有效的教育方法促进青少年由思想层面的学习转换为行为层面的实践。学校不但要加强中华优秀传统文化课堂教学，也应当将其融入校园环境和校园文化建设，在润物细无声中发挥中华优秀传统文化的育人功能。不仅如此，学校还应当更加重视日常思想教育过程中的点滴渗透，提升青少年的文化素养、思想理念、行为规范。例如，校园的整体布局设置、建筑样式可以借鉴传统形式，传递"道法自然""天人合一"的传统文化理念。校园的雕塑、楼宇的名称可以融入中华传统文化蕴含着的"明德修身"等文化元素，这样可以让青少年在耳濡目染中接受传统美德教育。走廊的文化展板可以介绍历史典故、文化名人、文化典籍和名言警句，通过潜移默化的方式对青少年进行爱国、敬业、诚信、友善等教育。还可以通过校训、校歌、校徽等形式融入学校的教育理念，让青少年时刻接受中华优秀传统文化的精神洗礼，继承中华优秀传统文化的价值理念。

　　从教育管理来看，学校要加强教育基地建设，强化师资队伍。首先，中国传统文化源远流长，丰富多彩，教师要善于将其中优秀的文化因素提炼出来，把中华优秀传统文化以更具中国特色的方式展现出来，把中国精神、中国价值、中国力量阐释好。在教学中，教师只有善于学习、深入挖掘教材内涵，才能把握教材的编写意图，巧妙设计教学环节，促使青少年提升对传统文化学习的兴趣。例如，教师可以运用文言文和古诗词深入挖掘传统文化内涵，使青少年在课堂中能领略到中华文化的博大精深，让青少年感受学习传统文化的重要性。其次，心理学研究表明，学校启蒙教育阶段的青少年对教师的信任和依赖度远超父母。在我国社会大环境下，学校与教师群体本身就应当是中华优秀传统文化教育的传播者，教师是中华优秀传统文化教育的主力军。教师的一言一行都会影响青少年的成长。只有教师应该成为青少年学习的榜样，使青少年受到传统文化的启发。因此，教师要做好自身的规划与管理，提高自身修养，以身作则，传承中华优秀传统文化，这是新时代教育教学对教师提出的新任务、新要求，也是提升教育效果的重要途径。最后，传统文化教育仅仅依靠教师的课堂教学是远远不够的，在教学中还需要布置适当任务，重视课下阅读。可以给青少年布置课外阅读任务，并让其回到课堂进行交流，畅谈自己的所学、所感、所想，发表自己的看法和意见。在这个过程中，青少年不断接纳中华优秀传统文化，达到主动学习的良好效果。但教师需要注意指导和纠正青少年对中华传统文化中的错误认识和看法，以免起到负面作用。

　　从校园文化来看，丰富拓展校园文化，可以推进戏曲、书法、高雅艺术、传统体育等进学校、进课堂，实施中华经典诵读工程，开设中华文化公开课，抓好传统文化教育成果展示活动。学校受科技化时代的影响，形成了科学教育观念，秉持多元化教育原则，对青少年的综合素养进行提升与完善，但是，在一定程度上忽视了中华传统文化对青少年的思想道德教育渗透。许多学校缺乏较为完善合理的传统文化教育教学方案，虽然部分学科专门设有古诗词与文言文教学，但教师仅仅注重青少年对文章的背诵，并没有深入挖掘中华传统文化的内涵和意义。因此，学校还需要从教育管理、校园文化建设、青少年思想道德教育三方面建设完善合理的中华传统文化的渗透教育体系，从而提高青少年的思想道德水平。

　　从青少年思想道德教育来看，中国优秀传统文化的丰厚底蕴和思想道德内涵意义深远，对培养青少年高尚的情操具有重要作用。用传统文化中的文学、哲学、诗歌、小说、戏曲来教育青少年，让青少年接受传统文化的熏陶，可以充实青少年的心灵，涤荡青少年的灵魂。传统文化中蕴涵的"仁义礼智信"是中华民族五千年文化中的精髓，能够帮助青少年在纷杂繁复的社会中以积极健康的心态来适应社会。通过中华优秀传统文化教育能够让青少年养成良好的思想品格，汲取中华优秀传统文化中的营养，在继承的基础上传承和发扬中华民族的传统文化，推动中华文化向前发展。

青少年是课堂主体，课堂教学必须以青少年为主，让青少年接受中华传统文化的熏陶，激发其对中华传统文化的学习兴趣。现行教材中安排了许多经典的古文篇目，文质兼美，同时又兼顾时代性，增强了对青少年的吸引力，还能激发青少年学习中华传统文化的热情，培养青少年正确的价值观。经典的文化著作是传承我们中华民族文化的重要方式之一，教师要正确引导青少年去理解古文，在文中感悟中华传统文化，只有读懂了古文中的哲理，才能感受到中华传统文化中赋予我们的精神力量。中国传统文化博大精深，教师在教学中要充分利用教学资源，不断改进教育教学方法，使青少年在良好的氛围中学习优秀传统文化，综合素质得到进一步提升，增强中华传统文化教学质量，培养青少年自由全面发展。

毛泽东认为："艺术上不同的形式和风格可以自由发展，科学上不同的学派可以自由争论。"[1] 当前青少年特别热爱的网络游戏，也可以成为弘扬中华传统文化的阵地之一。各大游戏企业为中华传统文化的文艺作品的创作与传播提供了广阔的空间，企业可以在游戏中渗入中国传统文化的习俗、服饰、生活方式等元素，结合 3D 技术，给游戏玩家带来真实的体验，将中华传统文化以更加形象和立体的方式呈现给大家。例如，游戏中的"科举考试""中元节""寒食节"等颇具特色的传统节日，又如其中"爱国主义""礼义仁智信"的道德观念，都是网络游戏向玩家渗透传统文化的方式。网络游戏还能带动文艺作品的发展，例如，有关传统文化的原创歌曲、动漫改编等文艺作品等，通过网络游戏与古典艺术的结合带动传统文化的传承。

毛泽东曾说："艺术的基本原理有其共同性，但表现形式要多样化，要有民族形式和民族风格。"[2] 中华优秀传统文化的弘扬具有多种表现形式，各大音乐平台也为传统文化的弘扬做出了贡献。古风音乐的出现大致有十年之久，逐渐培养了众多古风音乐爱好者。如 QQ 音乐、酷狗音乐、网易云音乐都开设

---

[1] 毛泽东.关于正确处理人民内部矛盾的问题（1957 年 2 月 27 日），毛泽东文集（第七卷）[M].北京：人民出版社,1999:229.

[2] 毛泽东.同音乐工作者的谈话（1956 年 8 月 24 日），毛泽东文集（第七卷)[M].北京：人民出版社,1999:76.

了古风专区、古风排行榜等多个栏目，吸引青少年参与传播中国传统文化。家庭环境的熏陶也对青少年的传统文化教育有着重要影响。家庭中对"和"思想的有机融合，最为典型也是最基本的表现之一就是家庭和谐，这是我国建设和谐社会的重点内容，同时家庭的和谐发展也是构建和谐社会的重要基础。通过对家庭和谐的进一步推广，以点带面，不断完善我国社会主义和谐社会建设，促进我国社会经济的和谐稳定发展。这正是中华优秀传统文化中所说的"修身、齐家、治国、平天下"的重要体现。在家庭中，加强传统美德的熏陶，如孝道、尊老爱幼等，都对青少年传统文化教育具有重要作用。

中华传统文化的学习，是培养青少年民族精神的重要途径。我国流传下来的经典诗文语言优美、寓意深刻，通过对传统文化的学习，能让青少年们在国学经典之中畅游，感受中国传统文化的魅力。通过国家、社会、学校、家庭的共同努力，近年来兴起的"古风"文化中，青少年呈现出对传统文化传播的自觉性，成为网络中传播传统文化的主力，重要表现之一就是青少年的古风穿着日益增多。青少年通过对传统文化的学习，能够更加深刻地感受到中华文化的源远流长、博大精深，激励青少年奋勇前进，共同实现中华民族伟大复兴的中国梦。

# 参考文献

[1] 中共中央文献研究室 . 建国以来重要文献选编 ( 第 1 册 )[M]. 北京 : 中央文献出版社 , 1992.

[2] 中共中央文献研究室 . 建国以来重要文献选编 ( 第 2 册 )[M]. 北京 : 中央文献出版社 , 1992.

[3] 中共中央文献研究室 . 建国以来重要文献选编 ( 第 3 册 )[M]. 北京 : 中央文献出版社 , 1992.

[4] 中共中央文献研究室 . 建国以来重要文献选编 ( 第 6 册 )[M]. 北京 : 中央文献出版社 , 1993.

[5] 中共中央文献研究室 . 三中全会以来重要文献选编 ( 上 )[M]. 北京 : 人民出版社 , 1982.

[6] 中央档案馆 . 中共中央文件选集 ( 第 1 册 ) 北京 : 中共中央党校出版社 , 1992.

[7] 中央档案馆 . 中共中央文件选集 ( 第 7 册 ) 北京 : 中共中央党校出版社 , 1989.

[8] 中央档案馆 . 中共中央文件选集 ( 第 17 册 ) 北京 : 中共中央党校出版社 , 1989.

[9] 中共中央党史研究室 . 中国共产党的七十年 ( 简本 )[M]. 北京 : 中共党史出版社 , 1992.

[10] 全国人大常委会办公厅研究室 . 中华人民共和国人民代表大会文献资料汇编 (1949 — 1990)[M]. 北京 : 中国民主法制出版社 , 1990.

[11] 中国人民政治协商会议全国委员会文史资料研究委员会 . 文史资料选辑 ( 第 92 辑 )[M]. 北京 : 中国文史出版社 , 1984.

[12] 北京市档案馆 , 中共北京市委党史研究室 . 北京市重要文献选编 (1950)[M]. 北京 : 中国档案出版社 , 2001.

[13] 中共中央文献研究室. 十八大以来重要文献选编 ( 上 )[M]. 北京 : 中共文献出版社，2014.

[14] 全国人民代表大会常务委员会办公厅. 中华人民共和国第十三届全国人民代表大会第一次会议文件汇编 [M]. 北京 : 人民出版社，2018.

[15] 中共中央文献研究室. 社会主义精神文明建设文献选编 [M]. 北京 : 中央文献出版社 , 1996.

[16] 中共中央文献研究室. 十五大以来重要文献选编 ( 上 )[M]. 北京 : 人民出版社，2000.

[17] 中共中央文献研究室. 十六大以来重要文献选编 ( 下 )[M]. 北京 : 人民出版社，2008.

[18] 中共中央马克思 恩格斯 列宁 斯大林著作编译局. 马克思恩格斯选集 ( 第一卷 )[M]. 北京 : 人民出版社 , 2012 .

[19] 中共中央马克思 恩格斯 列宁 斯大林著作编译局. 马克思恩格斯选集 ( 第二卷 )[M]. 北京 : 人民出版社 , 2012.

[20] 中共中央马克思 恩格斯 列宁 斯大林著作编译局. 马克思恩格斯选集 ( 第三卷 )[M]. 北京 : 人民出版社 , 2012.

[21] 中共中央马克思 恩格斯 列宁 斯大林著作编译局. 马克思恩格斯选集 ( 第四卷 )[M]. 北京 : 人民出版社 , 2012.

[22] 中共中央马克思 恩格斯 列宁 斯大林著作编译局. 马克思恩格斯文集 ( 第二卷 )[M]. 北京 : 人民出版社 , 2009.

[23] 中共中央马克思 恩格斯 列宁 斯大林著作编译局. 马克思恩格斯文集 ( 第九卷 )[M]. 北京 : 人民出版社 , 2009.

[24] 中共中央马克思 恩格斯 列宁 斯大林著作编译局. 列宁选集 ( 第十四卷 )[M]. 北京 : 人民出版社 , 1995.

[25] 中共中央文献编辑委员会. 毛泽东选集 ( 第一卷 )[M]. 北京 : 人民出版社 , 1991.

[26] 中共中央文献编辑委员会. 毛泽东选集 ( 第二卷 )[M]. 北京 : 人民出版社 , 1991.

[27] 中共中央文献编辑委员会. 毛泽东选集 ( 第三卷 )[M]. 北京 : 人民出版社 , 1991.

[28] 中共中央文献编辑委员会. 毛泽东选集 ( 第四卷 )[M]. 北京 : 人民出版社 , 1991.

[29] 中共中央文献研究室. 毛泽东文集 ( 第五卷 )[M]. 北京 : 人民出版社 , 1999.

[30] 中共中央文献研究室. 毛泽东文集 ( 第六卷 )[M]. 北京 : 人民出版社 , 1999.

[31] 中共中央文献研究室 . 毛泽东文集 ( 第七卷 )[M]. 北京 : 人民出版社 , 1999.

[32] 中共中央文献编辑委员会 . 周恩来选集 ( 下卷 )[M]. 北京 : 人民出版社 1984.

[33] 中共中央文献研究室 . 毛泽东年谱 ( 下卷 )[M]. 北京 : 中央文献出版社 , 1993.

[34] 中共中央文献研究室 . 周恩来年谱 (1949—1976)( 上卷 ), 中央文献出版社 , 1997.

[35] 周恩来 . 周恩来统一战线文选 [M]. 北京 : 人民出版社 ,, 1984.

[36] 中共中央文献编辑委员会 . 刘少奇选集 ( 下卷 )[M]. 北京 : 人民出版社 , 1985.

[37] 中共中央文献研究室 . 刘少奇年谱 (1898—1969)( 下卷 )[M]. 北京 : 中央文献出版社 , 1996.

[38] 中共中央文献编辑委员会 . 毛泽东文艺论集 [M]. 北京 : 中央文献出版社 , 2002.

[39] 刘少奇 . 刘少奇论党的建设 [M]. 北京 : 中央文献出版社 , 1991.

[40] 邓小平 . 邓小平文选 ( 第二卷 )[M]. 北京 : 人民出版社 , 1983.

[41] 中共中央文献编辑委员会 . 朱德选集 [M]. 北京 : 人民出版社 , 1983.

[42] 中共中央文献研究室 . 陈云文选 [M]. 北京 : 人民出版社 , 1984.

[43] 中共中央文献研究室 . 陈云文选 ( 第二卷 ))[M]. 北京 : 人民出版社 , 1995.

[44] 中共中央文献研究室 . 建国以来毛泽东文稿 ( 第一册 )[M]. 北京 : 中央文献出版社 , 1987.

[45] 中共中央文献研究室 . 建国以来毛泽东文稿 ( 第七册 )[M]. 北京 : 中央文献出版社 , 1992.

[46] 中共中央文献研究室 . 毛泽东著作选读 ( 上 )[M]. 北京 : 人民出版社 , 1986.

[47] 中共中央文献研究室 . 毛泽东著作选读 ( 下 )[M]. 北京 : 人民出版社 , 1986.

[48] 中共中央文献编辑委员会 . 刘少奇选集 [M]. 北京 : 人民出版社 , 1981.

[49] 中共中央文献编辑委员会 . 江泽民文选 ( 第一卷 )[M]. 北京 : 人民出版社 , 2006.

[50] 中共中央文献编辑委员会 . 江泽民文选 ( 第二卷 )[M]. 北京 : 人民出版社 , 2006.

[51] 中共中央文献编辑委员会 . 刘少奇文集 ( 下卷 )[M]. 北京 : 人民出版社 , 1985.

[52] 习近平 . 习近平谈治国理政 [M]. 北京 : 外文出版社 , 2014.

[53] 中共中央文献研究室 . 习近平关于社会主义文化建设论述摘编 [M]. 北京 : 中央文献出版社 , 2017.

[54] 中共中央文献研究室 . 邓小平论教育 [M]. 北京 : 人民教育出版社 , 1997.

[55] 中共中央文献研究室 . 邓小平年谱 (1975—1997)( 下 )[M]. 北京 : 中央文献出版社 , 2004.

[56] 中共中央宣传部 . 习近平新时代中国特色社会主义思想学习纲要 [M]. 北京 : 人民出版社 , 2019.

[57] 中共中央文献研究室 . 邓小平年谱 (1957—1974)( 下 ) [M]. 北京 : 中央文献出版社 , 2009.

[58] 中共中央文献研究室 . 毛泽东哲学批注集 [M]. 北京 : 中央文献出版社 , 1988.

[59] 宋永培 , 端木黎明 . 中国文化语言学辞典 [M]. 成都 : 四川人民出版社 , 1993.

[60] 翟文明 , 李冶威 . 辞海 [M]. 北京 : 光明日报出版社 , 2002.

[61] 杨自翔 , 楚永安 , 李达仁 . 古今汉语词典 [M]. 北京 : 商务印书馆 , 2002.

[62] 郭建庆 . 中国文化概述 [M]. 上海 : 上海交通大学出版社 , 2005.

[63] 马可 , 杨娟 , 王美玲 . 中国传统文化精神导论 [M]. 北京 : 清华大学出版社 , 2015.

[64] 朱哲 . 中国文化讲义 [M]. 武汉 : 武汉理工大学出版社 , 2006.

[65] 李平 . 中国文化概论 [M]. 合肥 : 安徽大学出版社 , 2015.

[66] 檀江林 . 中国文化概论 [M]. 合肥 : 合肥工业大学出版社 , 2009.

[67] 张念宏 . 教育百科辞典 [M]. 北京 : 中国农业科技出版社 , 1988.

[68] 路甬祥 . 教育学名词 [M]. 北京 : 高等教育出版社 , 2013.

[69] 陈之定 , 吴景岚 . 十一届三中全会以来重要教育文献选编 [M]. 北京 : 教育科学出版社 , 1992.

[70] 陆玉林 . 当代中国青年文化研究 [M]. 北京 : 人民出版社 , 2009.

[71] 沈壮海 , 王培刚 . 中国大学生思想政治教育发展报告 [M]. 北京 : 北京师范大学出版社 , 2016.

[72] 朱白薇 . 当代青年精神价值追求研究 [M]. 北京 : 中国社会科学出版社 , 2017.

[73] 姜林祥 . 儒家在国外的传播与影响 [M]. 济南 : 齐鲁书社 , 2004.

[74] 伏尔泰 . 路易十四时代 [M]. 吴模信等译 . 北京 : 商务印书馆 , 1982.

[75] 顾骧选编 . 周扬近作 [M]. 北京 : 作家出版社 , 1985.

[76] 爱弥尔·涂尔干 . 教育思想的演进 [M]. 李康译 . 上海 : 上海人民出版社 , 2003.

[77] 徐斌 . 制度建设与人的自由全面发展 [M]. 北京 : 人民出版社 , 2012.

[78] 苏君阳主编 : 《国家中长期教育改革和发展规划纲要 (2010—2020 年 )[M]. 北京 : 北京师范大学出版社 , 2010.

[79] 郜元宝 . 鲁迅精读 [M]. 上海 : 复旦大学出版社 , 2005.

[80] 杨叔子 . 下学上达文质相宜 [J], 山东工业大学学报 , 1998, 2: 6.

[81] 杜芳. 中华优秀传统文化与文化自信 [J]. 探索, 2017(2): 25.

[82] 林崇德. 构建中国化的学生发展核心素养 [J]. 北京师范大学学报 (社会科学版), 2017(1): 66-73.

[83] 李宗桂. 试论中国优秀传统文化的内涵 [J]. 学术研究, 2013(11): 35-39.

[84] 王泽应. 论承继中华优秀传统文化与践行社会主义核心价值观 [J]. 伦理学研究, 2015(01): 6-10.

[85] 郭建宁. 文化自信与当代中国 [J]. 北京大学学报 (哲学社会科学版), 2018, 55(2): 57-61.

[86] 裴植, 程美东. 中国共产党历代领导人对中国传统文化的古为今用、推陈出新 [J]. 毛泽东邓小平理论研究, 2015(4): 62-66, 92.

[87] 谭俊英. 新时期中国和新加坡中华传统文化教育的比较研究 [D]. 广东: 广东外语外贸大学, 2017.

[88] 廖远琦, 郑钰潇, 朴光海. 韩国传统文化保护与发展的制度实践 [J]. 中华手工, 2018(10): 50-51.

[89] 洪静怡. 日本传统文化教育研究 [D]. 上海: 华东师范大学, 2015.

[90] 王志华. 日本政府对传统文化保护的相关措施及其对中国的启示 [C]. 吉林省行政管理学会. 吉林省行政管理学会 "政府法制与行政管理" 理论研讨会论文集 (行政与法). 吉林省行政管理学会: 吉林省行政管理学会, 2012: 32-34.

[91] 徐梓. 中华传统文化应成为中小学教育的 "正餐" [J], 群言, 2014, 7: 15.

[92] 张良驯. 青少年传统文化教育方式的改进探析 [J], 当代青年研究, 2015, 2: 11-12.

[93] 徐梓. 中华传统文化应成为中小学教育的 "正餐" [J]. 群言, 2014(7): 14-16

[94] 雷秋云. 青少年传统文化教育问题研究 [D]. 武汉: 华中师范大学, 2011: 16.

[95] 崔美丽, 马菁池. 优秀传统文化教育与家庭教育的融合机制研究——基于山东省鱼台县的调研 [J], 基础教育参考, 2019, 10: 13.

[96] 杨雪松. 在家庭教育中传承中国优秀传统文化 [J]. 吉林广播电视大学学报, 2016(12): 129.

[97] 张应强. 文化转型与中国高等教育的历史使命 [J]. 南京化工大学学报 (哲学社会科学版),1 999,1: 53.

[98] 徐娜娜. 转型、构建与认同: 新文化生产空间中的青少年传统文化教育 [J], 青年教育, 2019, 4: 112.

[99] 冯刚, 金国峰. 论中国教育现代化的方向目标 [J]. 中国高等教育, 2018(1): 4-8.

[100]谭亲毅，么加利：加快推进教育现代化（笔谈）[J]，教育研究，2018，11：131.

[101]张应强，张乐农．大中小学中华优秀传统文化教育衔接初论[J]，高等教育研究，2019(2)，2：75.

[102]李群，李凯，牛瑞雪．"人文化成"：中华优秀传统文化课程建设的反思与实践[J].教育科学研究，2019(6)：48–52.

[103]戴妍，陈佳薇."一带一路"建设背景下中华优秀传统文化传承场域的教育重构[J].教育理论与实践，2020(10)：45–50.

[104]杨曼，吕立杰，丁奕然．小学生中华优秀传统文化认同现状调查及提升策略[J].中国电化教育，2019(6)：44–51.

[105]蒋纯焦．新中国70年教育的发展历程[J].河北师范大学学报（教育科学版），2019，21(6)：17–24.

[106]丁小芳．中国共产党文化观的演进逻辑(1949–2019)[J].求索，2019(3)：39–46.

[107]柏嫱，柏华．中华优秀传统文化融入大学生思想政治教育的现实路径[J].学校党建与思想教育，2019(16)：52–53.

[108]杨惠．中华优秀传统文化融入思想政治教育的方法探究[J].学校党建与思想教育，2020(2)：77–78.

[109]习近平．在中国国际友好大会暨中国人民对外友好协会成立60周年纪念活动上的讲话[N].人民日报,2014–5–16(2).

[110]习近平．把培育和弘扬社会主义核心价值观作为凝魂聚气强基固本的基础工程[N]，人民日报，2014–2–26(1).

[111]文化建设的新起点[N].人民日报，2006–9–14(1).

[112]习近平．青年要自觉践行社会主义核心价值观[N].人民日报，2014–5–5(2).

[113]倪光辉，鞠鹏．胸怀大局把握大势着眼大事 努力把宣传思想工作做得更好[N].人民日报 2013–8–21(1).

[114]习近平．在中国文联十大、中国作协九大开幕式上的讲话[N].人民日报，2016–12–1(2).

[115]谢环驰．认真贯彻党的十八届三中全会精神 汇聚起全面深化改革的强大正能量[N].人民日报，2013–11–29(1).

[116]庞兴雷．坚持以人民为中心的创作导向 创作更多无愧于时代的优秀作品[N].人民日报，2014–10–16(1).

[117]冷玉斌．做适合儿童的传统文化教育[N].中国教育报，2014–10–9.

[118]江西省贯彻《新时代爱国主义教育实施纲要》的若干措施 [N]. 江西日报，2020-
6-2(008).

[119]习近平 . 大力弘扬伟大爱国主义精神 为实现中国梦提供精神支柱 [N]. 人民日报，
2015-12-31(1).

# 后 记

　　教育关乎国家发展和民族未来，是人类推进文化建设的重要力量。教育的最终目标是为了培养健全人格的人，实现人的全面发展。教育与文化息息相关，文化观念影响着人们的教育态度与行为，而教育对文化也具有促进作用。当今世界文化发展多元化，各种文化长期并存，并存在一定的竞争性。面对不同文化要求同存异、融合创新、倡导先进文化，才能最终实现民族文化的发展。

　　中华民族悠久的历史积淀数千年的文化软实力，对促进社会发展与民族精神的形成具有重要作用。中华优秀传统文化是中华民族的根与魂，也是中华民族文化自信的力量源泉，更是建设中国特色社会主义的精神力量。青少年教育关乎国民素质的提升，更关乎中华民族伟大复兴中国梦的实现。中国特色社会主义进入新时代，加强对青少年优秀传统文化教育意义深远。新时代对青少年进行中华优秀传统文化教育，核心要素在于将优秀传统文化融入教育全过程：不忘本来，坚持中华优秀传统文化的独特性；吸收外来，增强中华优秀传统文化的开放性；面向未来，秉持中华优秀传统文化的创新性。通过多种形式的教育，使青少年深刻领会中华优秀传统文化的无穷魅力，增强青少年的民族自信与文化自信，提高青少年教育的科学性和实效性，促进青少年自觉践行社会主义核心价值观，最终实现青少年自由全面的发展，成为合格的社会主义建设者和接班人。

　　本书由李欢、张杰、曾菊、邓薇四人共同编写。绪论、第四章由张杰撰写，第一章第一节、第二节、第四节和第三章由李欢撰写，第一章第三节、第二章、第五章第一节和第二节由曾菊撰写，第五章第三节和第六章由邓薇撰写。本书大纲由编写者集体讨论拟定，全书最后由李欢统稿修订。

本书从确定选题到最后交稿历经 10 个月。在编写过程中参考了若干思想政治教育相关的著作与论文，在此致以诚挚的谢意。由于作者水平有限，本书难免出现疏漏与不妥之处，恳请广大读者批评指正。

编者

2020 年 7 月